Chrotine

W0312455

240 recettes de cuisine marocaine

Ahmed Laasri

240 recettes de cuisine marocaine

Dessins de Jacques Bellanger
Photos couleurs de Daniel Czap

Jacques Grancher, éditeur
98, rue de Vaugirard 75006

DANS LA MÊME COLLECTION

325 Recettes de Cuisine Créole, par Da Mathilde.

250 Recettes classiques de Cuisine Tunisienne, par Edmond Zeitoun.

280 Recettes de Cuisine familiale Libanaise, par Fayez Aoun.

295 Recettes oubliées de la Cuisine Juive, Eva Jakubowicz.

220 Recettes de Cuisine Belge d'hier et d'aujourd'hui, par Jacques Andrieu-Delille.

200 Recettes de Cuisine Japonaise, par Katsunori Tamaki.

Directeur de collection : Michel Grancher.
© 1982, Jacques Grancher, Editeur - Paris.

Avant-propos

J'ai voulu, dans ces pages, réunir les meilleures recettes traditionnelles de mon pays et vous faire découvrir ou retrouver la délicate saveur de la Cuisine Marocaine.

Riche par sa variété, plus élaborée que certaines cuisines d'Afrique du Nord, elle est faite de nuances sucrées, d'harmonies parfumées, d'épices et de chaleur violentes comme le soleil.

Si vous avez fait un séjour au Maroc, vous aimerez retrouver ces impressions fugitives et faire renaître des souvenirs gourmands. Ou bien, vous avez dû, au moins une fois, déguster un couscous ou participer à un méchoui au restaurant ou chez des amis.

A votre tour de les étonner en leur préparant des mets raffinés et peu connus, tels que des « briouats » aux saucisses rouges, un « tajine » de veau aux artichauts, un poulet « mquali » aux citrons confits, des « rgaïf » à la pâte d'amande...

Vous pouvez pratiquement réaliser toutes ces recettes sans avoir besoin d'épices ou d'ingrédients inconnus. En effet, la Cuisine Marocaine fait usage de tout ce qui peut se manger et laisse libre cours à votre imagination pour certaines variantes. Bien entendu, elle fait appel à des produits locaux, mais ils peuvent être remplacés, sans pour autant altérer ou changer le goût ou la délicatesse de tel ou tel plat.

D'ailleurs, aujourd'hui, un très grand nombre de produits marocains sont commercialisés en France. Vous pourrez les trouver au rayon de produits exotiques de super-marchés, dans les épiceries fines, mais tout particulièrement dans les magasins de produits d'Afrique du Nord dont vous trouverez quelques adresses à la fin de ce livre.

Et maintenant, après m'avoir accompagné dans ma cuisine, mettez-vous donc à table avec moi.

A. LAASRI

Les Ustensiles de Cuisine

Au fil des recettes, je nomme par leurs véritables noms tous les ustensiles utilisés couramment pour la confection de tel ou tel plat typique. Ces ustensiles, vous pourrez vous les procurer, ainsi que les épices, dans certains magasins spécialisés vous offrant un avant-goût des souks marocains. Mais aussi dans quelques grands magasins.

De toute manière, vous pourrez exécuter toutes ces recettes en utilisant votre matériel de cuisine courant.

Ghorbel, tamis en fil de fer fin servant à séparer le son des grains (dans les grands magasins).

Tajine, très beau plat rond, coiffé d'un couvercle pointu. En terre cuite, quelquefois richement coloriée ou en métal finement ciselé.
(Vous le remplacerez par une belle cocotte en fonte ou en terre vernissée, allant au feu).

Mehraz, mortier en cuivre avec son pilon.
(Vous le remplacerez par un bon mortier en pierre dure ou en bois d'olivier).

Mejmar, brasero en fer de forme rectangulaire.
(... mais vous devez avoir, bien sûr, un barbecue !).

M'ghazel, brochettes en fer.
(Souvent vendues avec les barbecues – Vous en trouverez dans tous les grands magasins).

Marmite à couscous : partie inférieure du couscoussier.

Keskes : partie supérieure du couscoussier.
(Dans tous les grands magasins).

Tbeck, corbeille plate, assez large pour séparer les grains de couscous.

Gsââ, plat en terre ou en bois dur, creux et large, pour la confection des pâtes à gâteaux.
(A remplacer par un grand plat creux en faïence).

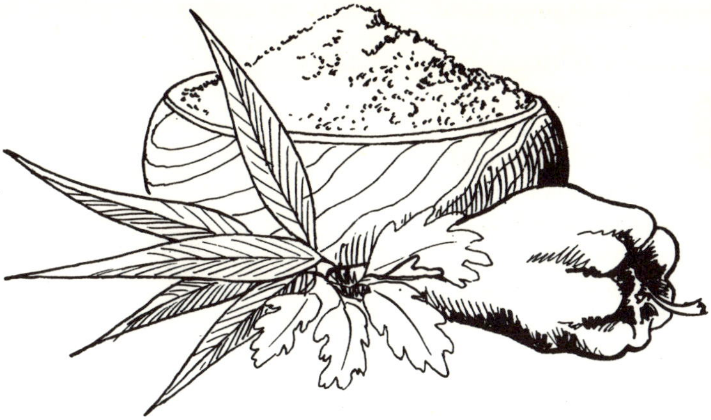

Les Epices.

Les Plantes aromatiques.

Les Parfums.

Les épices.

Le piment doux (Felfla hloua)
Le piment piquant (Felfla harra)
Le poivre noir (Ibzar)
Le cumin (Kamoun)
Le gingembre (Chkinjbir)
La cannelle (Karfa)
Le safran (Saafrane roumi)
La noix de muscade (Gouzt Ettib)

Les plantes aromatiques.

Le laurier (Ourka sidna Moussa).
Le thym (Zaarta).
La sauge (Salmiya).
Le persil (Mââdnous).
La verveine (Louisa).
L'absinthe (Chiba).
L'anis (Nafaâ).
Le carvis (Kerouiya).
Le cédrat (orange amère) (Elranj).
Le coriandre en grains (Kasbour).
La marjolaine (Merdeddouch).
La menthe sauvage (Fliou).
La menthe (Naâna Ikama).

Les parfums.

L'eau de rose (Ma ouard).
L'eau de fleur d'oranger (Zhar).

Les Sauces

Presque toutes les sauces sont à base de jus de viande, ou de poulet.
Mijotées longuement et parfumées de différentes épices, on peut les classer en quatre catégories :

Le m'qualli, sauce d'une belle couleur jaune à base d'huile d'olives, de gingembre et de safran.
La k'dra, sauce jaune plus légère que la sauce M'qualli, à base de beurre, d'oignons, de poivre et de safran.
Le m'hammer, sauce rouge à base de beurre, de piment doux et de cumin.
Le m'chermel, sauce rouge qui est un mélange dosé des trois premières sauces.

Ces sauces peuvent être variées et affinées par l'adjonction, suivant le goût et le plat concerné, de petites pointes de persil, coriandre, cannelle, piment fort, ail, oignon, olives, échalotes, jus de citron.

Les Conserves

1 Poivrons confits

Ustensiles :

Bocaux en verre à fermeture hermétique

Ingrédients :

Pour 2 kg de poivrons verts :
500 g de tomates
3 ou 4 petits piments longs et piquants (facultatif)
1 verre à thé de vinaigre d'alcool
1 verre à thé de sel

Laver les poivrons, les inciser délicatement en quatre dans le sens de la longueur, sans les détacher de leur queue. Placez-les un par un dans un bocal propre, ajoutez le sel, le vinaigre. Recouvrir d'eau, et bien refermer chaque bocal. Attendre deux jours.

Ajouter alors, les tomates coupées en deux dans le sens de la largeur. Refermer à nouveau les bocaux.

Les poivrons sont bons à consommer lorsqu'ils commencent à prendre une belle couleur jaune.

2 *Citrons confits*

Ustensiles :

Une grande bassine
Bocaux en verre
Quelques petites pierres plates pour tasser les fruits dans les bocaux.

Ingrédients :

2 kg de citrons bien mûrs : (jaune d'or) – sans dyphenil
sel
éau tiède

Il est préférable de préparer cette conserve au printemps, saison où les citrons sont mûrs à point.

Dans une grande bassine, laver soigneusement les citrons à grande eau.

Partager chaque citron en quatre en ayant soin que chaque morceau tienne encore par la partie supérieure du fruit.

En d'autres termes, il ne faut pas que les morceaux soient complètement séparés les uns des autres.

Ecarter délicatement les quatre quartiers pour les saler légèrement. Les refermer et placer les citrons un par un dans les bocaux. Recouvrir les citrons, ainsi rangés, d'eau tiède. Poser sur les citrons empilés une pierre plate, préalablement bien nettoyée, afin de tasser les fruits. Refermer soigneusement les bocaux et les ranger dans un endroit sec.

Attendre un mois avant de les consommer.

– Ces citrons confits s'emploient dans la préparation des tajines, mais on utilise seulement l'écorce coupée en morceaux, après avoir jeté tout l'intérieur et les avoir bien lavés.

3 Le Khlii

Conserve à base de viande de bœuf, de veau ou d'agneau. Très employée dans la cuisine courante marocaine, peut se conserver facilement un ou deux ans.

– *pour 5 grands bocaux de Khlii*

Ustensiles :

1 grande bassine
1 grosse marmite
1 jarre
1 gsââ (ou un grand plat creux)
5 bocaux à conserve

Ingrédients :

20 kg de veau, de bœuf ou d'agneau

– *Pour la « Chermoula »* (ou marinade)

1,150 kg de sel
750 g de graines de coriandre moulue
150 g de cumin moulu
250 g d'ail écrasé
1/2 verre à eau de vinaigre
1 verre et demi à eau d'huile d'olive
100 g de poivre moulu
100 g de cayenne moulu

Bien mélanger tous ces ingrédients dans une grande bassine et laisser reposer cette marinade pendant vingt-quatre heures.

Préparation de la viande.

Par le boucher faire découper la viande choisie, en longues lanières de trois ou quatre centimètres de large. Laver la viande ainsi découpée et la laisser égoutter.

Dans la marinade, bien mélangée, déposer les morceaux de viande, les arroser abondamment et laisser mariner toute la nuit. Le lendemain, remuer à nouveau la viande dans la chermoula pour qu'elle soit totalement imprégnée. Puis, enlever les lanières de viande et les faire égoutter et sécher sur un fil d'étendage pendant deux jours entiers, nuits comprises. Le troisième jour, les étendre le matin et les enlever le soir, ceci pendant cinq jours consécutifs.

Lorsque la viande est bien séchée, l'intérieur doit avoir perdu tout mœlleux et toute eau.

Ingrédients :

4 kg de graisse de bœuf
8 l d'eau
7 l d'huile d'arachide
1 l d'huile d'olive

Cuisson. Durée : 3 heures.

Couper la graisse en petits morceaux. La laver et la faire égoutter.

Dans une grosse marmite mettre à bouillir les huit litres d'eau, y jeter les morceaux de graisse, couvrir et laisser frémir pendant dix minutes. Ajouter alors l'huile d'arachide, l'huile d'olive, la viande séchée et le restant de la marinade réduite en poudre après séchage. Couvrir la marmite et porter à ébullition. Retirer alors le couvercle et faire cuire à découvert à grand feu pendant une demi-heure. Baisser le feu et continuer à faire cuire jusqu'à évaporation totale de l'eau de manière que la viande ne baigne plus que dans l'huile. Bien remuer pendant cette cuisson avec une grande spatule en bois pour que la viande n'attache pas au fond de la marmite. La viande est cuite lorsque vous pouvez la détacher avec les doigts. Arroser la viande avec un demi-litre d'eau pour l'attendrir et laisser à nouveau cuire doucement pour que cette eau s'évapore. Retirer ensuite du feu.

Lorsque le khlii est cuit, verser la graisse dans une grande jarre et retirer les morceaux de viande. Les ranger dans les bocaux et les recouvrir avec la graisse encore liquide en faisant bien attention de ne pas faire éclater les bocaux. Laisser refroidir à découvert, puis fermer hermétiquement les bocaux.

Agrisse.

Des débris de viande et le restant de la marinade se déposent dans le fond de la marmite : c'est ce que l'on appelle « agrisse ». Remettre sur le feu quelques minutes, dans le cas où il resterait encore un peu d'eau. Retirer du feu et laisser refroidir. Vous conserverez cette préparation dans un autre bocal, celle-ci entrant dans la confection de plats tels que les « rghaïf del Ferrane ».

4 *Les olives*

Il y a trois sortes d'olives :
- l'olive verte
- l'olive violette
- l'olive noire

La meilleure saison pour cette conserve est le début de l'automne.

LES OLIVES VERTES

– *pour 10 kg d'olives :*

« Cassez » les olives en les tapant à l'aide d'une pierre. Bien les laver et les verser dans les bocaux. Recouvrir entièrement les olives d'eau. Cette eau doit être changée deux fois par jour (matin et soir) et ceci pendant trois jours.

Goûtez une olive et si celle-ci a perdu son amertume, ne plus changer l'eau. Dans la négative, continuer le changement tous les deux jours jusqu'à ce que les olives s'adoucissent. Prendre soin de couvrir d'eau les olives à ras bord et de refermer soigneusement les bocaux.

– Un conseil : prendre toujours les olives dans les bocaux à l'aide d'une cuillère en bois, jamais avec les doigts.

Les olives vertes peuvent être mangées telles quelles, saupoudrées de sel ou en garniture dans la préparation des tajines.

LES OLIVES VIOLETTES

– *pour 10 kg d'olives :*

Ingrédients :

3 kg de gros sel
3 kg d'oranges amères

On choisit les olives violettes avant qu'elles ne deviennent noires (donc entre le vert et le noir). Faire une incision de chaque côté et sur la longueur de l'olive, jusqu'à toucher le noyau. Les laver et les placer au fur et à mesure dans une jarre ou dans des bocaux. Les recouvrir entièrement d'eau et fermer hermétiquement les récipients. Laisser reposer les olives dans cette eau pendant un mois.

Au bout de ce temps changez l'eau, refermez hermétiquement la jarre ou les bocaux, et laissez reposer à nouveau pendant dix jours.

A ce moment là, vous vous occupez des oranges amères : il faut bien les laver, les éplucher, les couper en quartiers et mélanger aussitôt ceux-ci dans du sel. Lorsque ce travail est terminé, écrasez ces quartiers d'orange salés à l'aide d'un moulin à légumes en récupérant bien tout le jus.

Videz de leur eau la jarre et les bocaux et la remplacer par le jus d'oranges amères, toujours en remplissant à ras bord. Dans le cas où le jus ne serait pas suffisant, allongez-le avec un peu d'eau. Refermez soigneusement les récipients.

– Vous consommerez ces délicieuses olives violettes seulement au bout de quatre à cinq jours.

LES OLIVES NOIRES

– *pour 15 kg d'olives noires :*

Ingrédients :
3 kg de sel

Triez les olives en éliminant les fruits trop mûrs ou écrasés. Bien les laver et les mettre à égoutter dans une grande corbeille après les avoir mélangées au sel. Placez cette corbeille légèrement inclinée et disposez quelques grosses pierres au-dessus des olives. Ainsi pressées, elles rejetteront un liquide noirâtre. Les laisser ainsi pendant cinq jours.

Au bout de ce temps, disposez une grande nappe en plastique par terre en plein soleil ; y étaler les olives pendant toute une journée.

Reversez les olives dans la corbeille, disposez à nouveau les pierres par-dessus et laissez reposer à nouveau cinq jours.

Recommencez la même opération trois fois en respectant le même laps de temps.

Après la troisième opération, laissez les olives au soleil pendant deux jours consécutifs, puis les enduire d'huile d'arachide.

Placez les olives dans les bocaux en les pressant fortement avec la main pour qu'elles ne se dessèchent pas. Fermez hermétiquement les récipients.

– Ces olives noires ainsi préparées peuvent être consommées sans attendre.

Un conseil : Chaque fois que vous puiserez dans le bocal, ayez la précaution de comprimer les olives avec la main avant de le refermer. Vos olives resteront ainsi toujours aussi mœlleuses.

Je ne saurais mieux commencer ce recueil qu'en faisant une place d'honneur au mets le plus savoureux, le plus subtil de la Cuisine Marocaine :

La Bastela

5 La bastela

C'est une entrée raffinée, composée de feuilles de « ouarka » (sorte de crêpes transparentes) et de farce de pigeons et d'amandes. Sa préparation est assez délicate, mais croyez-moi, comme on dit en France : le jeu en vaut la chandelle...

Préparation de la pâte à ouarka : recette n° 38

Cuisson de la ouarka

Ustensiles :

1 brasero rond
1 plateau en cuivre étamé appelé « tbsil dial ouarka » (spécial pour cette cuisson)

Allumez le charbon de bois à l'avance et déposez quelques braises se consumant dans le brasero en les répartissant bien, pour que le feu ne soit pas trop vif.

Placez le plateau dessus, côté lisse vers l'extérieur. Le frotter avec un torchon très légèrement huilé avant de commencer la cuisson. Recommencez l'opération si par la suite la pâte venait à coller au plateau.

Se mouiller les mains et prélever un peu de pâte entre les doigts. Tapez sur le plateau chaud en levant et en abaissant la main d'un geste continu. La pâte est ainsi rattrapée prestement dès qu'elle touche le plateau, en laissant à chaque fois une mince pellicule blanche.

Ces pellicules se collant ainsi les unes aux autres forment alors une feuille ronde d'une trentaine de centimètres de diamètre. La détacher du plateau en la tirant délicatement vers soi.

Cette feuille cuite d'un seul côté sera déposée sur une serviette, côté brillant tourné vers le haut.

Recommencez la cuisson d'une nouvelle ouarka jusqu'à épuisement de la pâte en prenant grand soin, chaque fois, de la déposer une fois cuite d'un côté, sur la feuille précédente côté brillant toujours vers le haut. Elles ne colleront pas ainsi entre elles.

Surveillez la chaleur du plateau en rajoutant si nécessaire quelques braises, cette température devant rester toujours constante, et égale.

Lorsque toutes les feuilles sont terminées, les recouvrir d'une nouvelle serviette et les mettre en réserve.

Bien sûr la préparation et la cuisson de ces feuilles de ouarka demande un certain tour de main, mais la récompense est tellement agréable que vous verrez : vous réussirez... Sinon, eh bien, vous en trouverez de toutes faites dans les magasins spécialisés, mais elles seront certainement beaucoup moins fines.

FARCE POUR BASTELA

– *pour 10 à 12 personnes :*

Ustensiles :

1 cocotte
1 passoire
1 poêle pour la friture
1 mortier ou moulin à légumes

Ingrédients :

8 pigeons
3 grands bols bien pleins de persil haché
1,500 kg d'oignons râpés
450 g de beurre
8 œufs
1/2 cuillerée à café de cannelle
1 cuillerée à café de safran (fleur de safran pilée)
1 cuillerée à café de poivre
300 g d'amandes
Huile pour friture des amandes
1 verre à thé bien plein de sucre en poudre
Sel

Plumez, videz et lavez les pigeons. Les déposer entiers dans la cocotte dans laquelle vous aurez fait légèrement fondre le beurre. Ajoutez persil haché, oignons finement râpés, cannelle, safran, sucre, poivre et sel.

Portez la cocotte sur feu assez vif et faites cuire les pigeons en les retournant de temps en temps. Ils doivent cuire dans leur jus ; n'ajoutez un peu d'eau que si la sauce est trop courte. Lorsqu'ils sont à point, les retirer de la cocotte en les débarrassant bien de la farce qui aurait pu s'introduire à l'intérieur. Baissez le feu sous la cocotte et continuez à faire mijoter la farce en remuant continuellement jusqu'à totale évaporation de toute eau.

Battez les huit œufs en omelette et incorporez-les petit à petit à la farce, sans cesser de remuer. Retirez du feu et mettez en attente.

Coupez les pigeons en morceaux sans les désosser. Réservez. D'autre part, émondez les amandes et faites-les frire dans l'huile bouillante. Retirez-celles-ci de la friture dès qu'elles commencent à prendre une jolie couleur dorée et égouttez-les aussitôt dans une passoire (ainsi, elles ne noirciront pas). Les hacher grossièrement dans un moulin à légumes ou les piler au mortier, puis leur ajouter le sucre en poudre en mélangeant bien. Mettre en réserve. Prélever trois cuillerées d'huile de friture des amandes et l'incorporer dans la farce en attente dans la cocotte. Réserver l'huile de friture restante.

GARNITURE DE LA BASTELA

Ustensiles :

1 plateau en cuivre « Tbsil dial bastela » (étamé à l'intérieur) de 50 à 60 cm de diamètre ou 1 plaque à four rectangulaire de 40 à 50 cm

Pour faciliter cette préparation, ayez à portée de main :

- les feuilles de ouarka (une quarantaine)
- la farce à pigeons
- les morceaux de pigeons
- les amandes

Commencez d'abord par huiler légèrement le tbsil ou la plaque à four.

Disposer ensuite sur le tbsil ou la plaque une première couche de feuilles de ouarka (côté brillant vers le bas) en les faisant se chevaucher de manière que les bords retombent en dehors du plateau. Bien décoller chaque feuille *à part*. Faire une deuxième couche de feuilles et étaler sur toute leur surface la farce à pigeons. Recouvrir de deux autres couches de feuilles, mais cette fois sans les faire déborder. Disposer les morceaux de pigeons.

Remettre deux autres couches de feuilles par-dessus et saupoudrer régulièrement avec les amandes pilées et sucrées. Replier alors les feuilles débordantes.

Disposer de nouveau deux autres couches de feuilles, mais cette fois le côté brillant vers le haut en faisant chevaucher de la même façon et en faisant retomber les bords en dehors du plateau.

Rentrer ces bords vers l'intérieur (comme si vous bordiez un lit) et enduire toute la surface de la bastela se présentant comme une belle galette (ronde ou rectangulaire suivant la forme donnée) avec l'huile de friture des amandes.

– Il faut que la bastela soit épaisse de trois à quatre centimètres, donc éviter de mettre trop de feuilles. Elle sera ainsi légère et croustillante.

CUISSON SUR « TBSIL DIAL BASTELA »

Comptez environ trois quarts d'heure de cuisson par face pour bien dorer la bastela.

Allumer le charbon de bois à l'avance. Il faut qu'au moment de la cuisson, vous n'ayez que des braises se consumant. Les étaler dans le brasero en laissant un espace vide au milieu. Poser une pierre sur le bord du brasero pour que le plateau soit légèrement incliné.

Pour que la bastela dore régulièrement, tournez souvent le plateau et enduire de temps en temps les bords avec de l'huile de friture d'amandes.

Vérifier si la première face est bien dorée et croustillante en soulevant la galette avec la pointe d'un couteau. Dans l'affirmative, retourner la bastela en plaçant dessus un plateau de même dimension et la faire glisser délicatement sur le tbsil, côté à cuire. Procéder à la cuisson de la même façon que pour la première face.

Servir sur un grand plateau rond, côté amandes vers le haut. Saupoudrer légèrement de sucre glace.

CUISSON SUR PLAQUE A FOUR

Comptez une vingtaine de minutes à four modérément chaud. Lorsque la bastela est dorée, la retirer du four.

Un quart d'heure avant de servir, retourner vivement la bastela sur une deuxième plaque, huiler à nouveau les bords et la remettre au four pour faire dorer l'autre côté.

Servir sur un plateau rectangulaire, côté amandes vers le haut. Saupoudrer légèrement de sucre glace.

– Si vous désirez faire une bastela à la farce de poulets, procédez de la même façon en prenant des coquelets et leurs abats. Elle sera tout aussi délicieuse.

Le Couscous

Aujourd'hui beaucoup de gens ont mangé, au moins une fois, un couscous. Mais rares sont ceux qui ont dégusté le « vrai » couscous marocain.

Pour que le couscous soit parfait il faut que les grains soient fins, détachés, réguliers et, surtout, jamais pâteux. Bien le « rouler » est un art difficile. Aussi, plutôt que d'avoir un couscous peu ou mal réussi, je vous conseille d'acheter les grains tout prêts. Vous en trouverez d'excellents dans les maisons spécialisées.

Mais, si vous voulez le « rouler » vous-même, voici comment il faut vous y prendre :

– pour 6 personnes :

Ustensiles :

1 tamis en fil de fer (Ghorbel)
1 corbeille plate (Tbeck)
1 grand plat de terre (Gsââ)
1 serviette

Ingrédients :

300 g de grosse semoule
300 g de farine fine
Sel
Eau

Mettre un bol de semoule dans le plat de terre. L'arroser avec un peu d'eau froide préalablement salée. Avec la paume de la main roulez la semoule en passant et repassant les mains sur les grains, en un mouvement régulier. Ainsi, chaque grain se trouve bien séparé. Rouler avec un peu de farine, et lorsque les grains s'agglomèrent en boules, renouveler l'opération, en ajoutant farine et eau petit à petit jusqu'à ce que les grains soient bien roulés.

Placer ces grains dans le tamis pour les trier suivant grosseur.

Sur la serviette, déposer les plus fins bien calibrés. Placer dans la corbeille plate les grains restant qui sont évidemment plus gros. Les rouler avec la paume de la main en ajoutant un peu de farine.

Trier à nouveau, à l'aide du tamis, les grains les plus fins et les poser sur la serviette. Reprendre les plus gros et recommencer l'opération jusqu'à épuisement de la semoule et de la farine.

Enduire alors, d'une cuillerée à soupe d'huile, tous ces grains fins et bien séparés.

– Le couscous peut être conservé dans des bocaux fermés. Pour cela, une fois que les grains sont roulés, les faire cuire à la vapeur d'eau pendant 30 minutes.

Egoutter les grains et les étaler sur des serviettes dans un endroit sec et aéré (au soleil serait parfait). Bien les laisser sécher avant de les mettre en bocal.

7 Couscous « K'dra » aux raisins secs et pois chiches

– *Pour 8 à 10 personnes.* – Temps de cuisson : 2 heures.

Ustensiles :

1 couscoussier
1 plat très large et creux (Gsââ)
1 grand plat rond
1 soupière pour le bouillon

Ingrédients :

500 g de grosse semoule roulée (voir recette n° 6)
ou
1 kg de couscous en paquet
1 poulet ou 1 kg de viande (épaule de mouton ou jarret de veau)
500 g de raisins secs sans pépins
1 verre à eau rempli de pois chiches trempés de la veille
1,500 kg d'oignons
150 g de beurre pour le bouillon
100 g de beurre pour mélanger au couscous une fois cuit
1 cuillerée à soupe de poivre
1/2 cuillerée à café de safran
5 litres d'eau
Sel

Verser les 5 litres d'eau dans la marmite à couscous. Ajouter 2 oignons coupés en morceaux, les pois chiches, le poulet ou la viande coupés en morceaux, saler, poivrer, ajouter le beurre et le safran. Poser sur le feu et laisser bouillir. Placer le haut du couscoussier dans lequel vous aurez mis le couscous roulé, sur la marmite et bien faire joindre les deux parties du couscoussier avec une bande de pâte faite de farine et d'eau (cela s'appelle « luter »), de manière que la vapeur ne s'échappe que par le haut. Après échappement de la vapeur, laisser cuire encore une demi-heure.

Retirer alors le couscous, le verser dans le grand plat creux (Gsââ), l'écraser doucement de façon à séparer les grains. Le laisser refroidir, l'arroser d'eau froide, l'aérer et renouveler l'opération jusqu'à ce que les grains gonflés soient bien imprégnés d'eau. Laisser reposer.

Vérifier si le poulet (ou la viande) est cuit et le retirer.

Rectifier l'assaisonnement si nécessaire.

Une demi-heure avant le repas, couper le reste des oignons en gros morceaux et les verser dans la marmite toujours sur le feu. Ajouter les raisins secs après les avoir lavés. Porter à nouveau à ébullition et remettre le couscous dans le haut du couscoussier, le replacer sur la marmite et « luter » comme dit plus haut. Lorsque la vapeur s'échappe à nouveau du couscous, le retirer et le reverser dans le grand plat creux, ajouter le beurre en mélangeant bien et arroser en remuant avec autant de bouillon que le couscous peut en absorber.

Dans le plat de présentation : dresser le couscous en forme de cône, former au centre une sorte de puits dans lequel vous déposerez le poulet ou la viande, ainsi que les pois chiches, les oignons et les raisins secs.

Servir aussitôt avec le bouillon à part dans la soupière, pour ceux qui l'aiment bien arrosé.

8 Couscous « K'dra » aux courgettes, fèves, et navets

Pour 8 personnes – Temps de cuisson : 2 heures à 2 h 30 (suivant la viande)

Ustensiles :

1 couscoussier
1 plat très large et creux (Gsàà)
1 grand plat rond de service
1 soupière pour le bouillon

Ingrédients :

500 g de grosse semoule roulée (voir recette nº 6)
ou
1 kg de couscous en paquet
1 kg de jarret de veau
ou
1 kg d'épaule de mouton
1 kg de courgettes
1 kg de navets
1 kg de fèves fraiches
1 kg d'oignons
150 g de beurre pour le bouillon
100 g de beurre pour le couscous
1 poignée de coriandre hachée
1 cuillère à soupe de poivre
1/2 cuillère à café de safran
5 litres d'eau
Sel

Couper la viande en morceaux et la mettre dans la marmite à couscous. Ajouter les cinq litres d'eau, deux oignons coupés en morceaux, le sel, le poivre et le safran. Laisser bouillir et placer le haut du couscoussier (Keskes) rempli de couscous roulé sur la marmite. Luter les deux ustensiles afin que la vapeur ne s'échappe que par le haut.

Lorsque la vapeur s'est échappée, laisser cuire trente minutes, retirer alors le couscous et le verser dans le grand plat creux (Gsââ). Appuyer dessus avec une louche pour séparer les grains. Laisser refroidir et arroser d'eau froide. L'aérer et renouveler l'opération jusqu'à ce que les grains soient bien imprégnés d'eau. Laisser reposer.

Pendant ce temps, une heure avant de servir, ajouter dans la marmite les navets épluchés et coupés en quartiers, les fèves (auxquelles vous aurez enlevé le germe). Porter à ébullition pendant quinze minutes, puis ajouter alors les courgettes (non épluchées et bien lavées) coupées en quartiers. Puis les oignons – également coupés en morceaux – et la coriandre hachée.

Après ébullition, rectifier l'assaisonnement si nécessaire. Puis remettre le couscous dans le « keskes », le replacer sur la marmite et luter de nouveau les deux parties du couscoussier. Lorsque la vapeur s'échappe du couscous, le retirer et le verser dans le grand plat creux (Gsââ), bien mélanger le beurre et arroser de bouillon autant que le couscous peut en absorber, en remuant l'ensemble.

Placer alors dans le grand plat de service le couscous dressé. Faire un puits au centre et le garnir avec la viande et les légumes.

Servir aussitôt, avec la soupière de bouillon, pour ceux qui aiment le couscous bien arrosé.

9 *Couscous « K'dra » aux courgettes, fèves et navets, arrosé de lait*

Même préparation que pour le couscous précédent.

Remplacer la viande par du poulet.

Une fois cuit, ajouter dans un litre de lait bouillant, un peu de bouillon. Ressaler si nécessaire et arroser le couscous de ce mélange.

Comme dans la recette n° 8, dresser le couscous sur le plat de service, avec au centre le poulet coupé en morceaux, les légumes. Disposer les légumes tout autour en couronne et décorer de quelques œufs durs coupés en deux.

Servir aussitôt.

10 Couscous « Bidaoui » aux sept légumes

Pour 8 à 10 personnes – Temps de cuisson 2 heures

Ustensiles :

1 couscoussier
1 plat très large et creux (Gsââ)
1 grand plat rond de service
1 soupière pour le bouillon

Ingrédients :

500 g de grosse semoule roulée (recette n° 6)
ou
1 kg de couscous en paquet
1 kg de jarret de veau ou d'épaule de mouton
1 chou blanc (moyen)
1 kg d'oignons
4 ou 5 tomates
500 g de courge rouge
250 g de navets
250 g d'aubergines
500 g de carottes
2 poivrons piquants
1 poignée de coriandre hachée
150 g de beurre pour le bouillon
150 g de beurre pour le couscous
1/2 cuillerée à café de safran
1 cuillerée à soupe de poivre
6 litres d'eau
Sel

Couper la viande en morceaux, la placer dans la marmite à couscous, avec 2 oignons émincés, le chou bien lavé coupé en tronçons, 150 g de beurre, le safran, le poivre et le sel. Recouvrir avec les 6 litres d'eau et porter à ébullition.

Pour le couscous, procéder de la même façon que dans la recette n° 6.

Entre-temps, environ une heure avant de servir, ajouter dans la marmite toujours sur le feu, les tomates et les aubergines non épluchées, coupées en quartiers, puis les carottes et les navets épluchés et également coupés, le reste des oignons, les poivrons et la coriandre hachée.

LES CONSERVES

Pour la préparation des tajines, des volailles, des viandes,
il vous faudra des poivrons et des citrons confits,
des olives vertes à peau tendre,
de grasses olives noires ou violettes.
Prévoyez leur conservation
au moment où la récolte est abondante.

LE COUSCOUS

Le couscous K'dra,
aux raisins secs et aux pois chiches,
est l'un des meilleurs et des plus raffinés.

A part, dans un peu de bouillon, cuire les courges coupées en quartiers. Rectifier l'assaisonnement du bouillon si nécessaire et une demi-heure avant de servir, replacer le couscous dans le « keskes ». Poser celui-ci sur la marmite en ébullition et bien joindre les deux ustensiles. Lorsque la vapeur s'échappe du couscous, le retirer, le verser dans la « gsââ », ajouter le beurre en mélangeant et arroser avec le bouillon en remuant toujours.

Dresser dans le plat de service et présenter le couscous de la même façon que pour les recettes précédentes.

Servir aussitôt avec le bouillon à part dans la soupière.

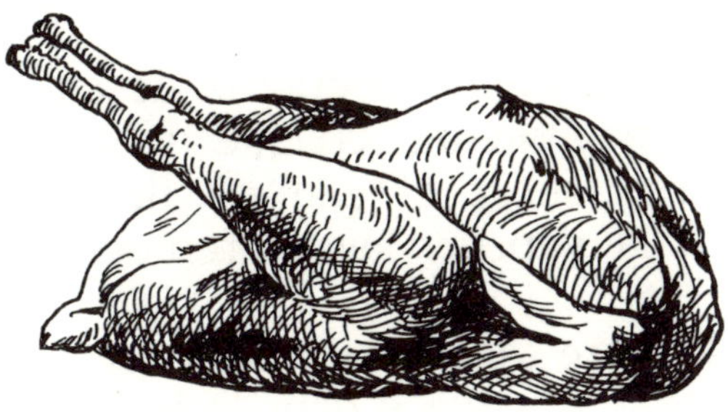

11 Couscous pour farce

Utilisé pour farcir poulets, pigeons, viandes (mouton ou veau)

Ustensiles :

1 couscoussier
1 plat très large et creux (Gsââ)
1 mortier

Ingrédients :

600 g de grosse semoule roulée en grains très fins dans 300 g de farine (voir recette nº 6)
ou
1 kg de couscous en paquet
1 verre à thé d'eau de fleur d'oranger
3 verres à eau et 1/2 de sucre en poudre
600 g de raisins secs sans pépins
350 g de beurre fondu
2 cuillerées et 1/2 à soupe rases de cannelle
450 g d'amandes émondées
1/2 litre d'huile pour friture
5 litres d'eau
Sel

Verser cinq litres d'eau dans la marmite à couscous. La faire bouillir. Enduire le couscous bien roulé d'une cuillerée d'huile. Le placer dans le haut du couscoussier et le poser sur la marmite en ébullition. Lorsque la vapeur commence à s'échapper du couscous, le retirer et le verser dans le plat creux (Gsâå).

Si vous utilisez du Couscous en paquet, le laisser cuire une demi-heure environ après le début d'ébullition, la première fois.

Ecraser le couscous légèrement à l'aide d'une louche. Le laisser refroidir, saler et l'arroser avec deux cuillerées à soupe d'eau de fleur d'oranger et trois cuillerées à soupe de beurre fondu, ajouter six cuillerées à soupe de sucre et bien mélanger.

Laisser reposer un quart d'heure et replacer le couscous sur la marmite conservée en ébullition.

Recommencer la même opération de cuisson à la vapeur 7 fois de suite en ajoutant chaque fois, dans les mêmes proportions, beurre, sucre et eau de fleur d'oranger. Entre chaque cuisson à la vapeur, laisser reposer un quart d'heure chaque fois.

A la 7e et dernière fois, ajouter les raisins secs lavés et bien nettoyés sous le couscous placé dans le haut du couscoussier et retirer le tout du feu lorsque la vapeur commence à s'échapper. Verser dans la « Gsâå » le couscous et les raisins, écraser doucement avec la louche pour bien séparer les grains et ajouter deux cuillerées et demies à soupe de cannelle, ainsi que les amandes émondées préalablement frites à l'huile bouillante et écrasées grossièrement dans un mortier.

La Cuisine familiale

Préparés plus souvent en hiver, voici de délicieux plats économiques, mais combien savoureux !

Vous trouverez ci-après quelques recettes de la cuisine familiale marocaine de tous les jours.

12 Bessara (Purée de fèves séchées)

– pour 8 personnes

Ustensiles :

1 marmite
1 moulin à légumes
1 plat creux
1 casserole
1 plat de service

Ingrédients :

600 g de fèves séchées et sans peau
3 gousses d'ail
2 litres d'eau
1 cuillerée à café de sel
Piment doux – Cumin – Piment fort pilé
Huile d'olive
Citron pressé

Nettoyer et laver les fèves. Les mettre dans la marmite avec l'ail épluché. Recouvrir avec les deux litres d'eau, saler. Faire cuire en remuant de temps en temps. Lorsque la cuisson est terminée, égouttez les fèves et les passer au moulin à légumes pour obtenir une purée. Ajouter un peu d'eau si celle-ci est trop épaisse, cette purée devant s'étaler une fois versée dans le plat. Remettre dans la casserole et faire réchauffer doucement jusqu'au moment de servir, en remuant de temps en temps.

Verser alors la purée dans un plat de service préalablement tenu au chaud. Saupoudrer de piment doux, de cumin et de piment fort pilé.

En accompagnement, vous servirez à part : huile d'olive, citron pressé, épices composées de piment doux, de cumin et de piment fort pilé, chacun assaisonnant ce plat suivant son goût.

13 Serrouda (Purée de pois chiches)

– pour 8 personnes

Ustensiles :

1 marmite
1 moulin à légumes
1 plat creux
1 casserole
1 plat de service

Ingrédients :

600 g de pois chiches
2 oignons
1 cuillerée à café de poivre
1 pincée de safran
50 g de beurre
Sel

La veille, faire tremper les pois chiches dans de l'eau chaude. Le lendemain, les peler, les laver et les mettre à cuire à l'eau chaude (1 l d'eau). Saler, ajouter le poivre, le safran, les oignons finement hachés et laisser cuire à feu doux en remuant de temps en temps. Une fois les pois chiches cuits, les passer au moulin à légumes.

Réchauffer cette purée au moment de servir et ajouter le beurre. Bien mélanger. Cette purée doit être assez liquide ; dans le cas où elle serait trop épaisse, ajouter un peu d'eau tout en remuant. Servir très chaud.

14 *Mezgueldi (Oignons au Khlii)*

– pour 10 personnes

Ustensiles :

1 marmite
1 cocotte
1 plat de service

Ingrédients :

5 kg d'oignons
300 g de khlii (viande séchée)
100 g de graisse de khlii
1 cuillerée et demie à café de piment doux
1 pincée de piment fort
1/2 verre à thé de jus de citron
1 bouquet de persil
Sel

Eplucher et couper les oignons en rondelles. Les mettre à bouillir dans une marmite pendant quelques minutes, puis bien les égoutter. Dans une cocotte, faire fondre la graisse de khlii, y déposer la viande séchée, les oignons, le piment doux, le piment fort. Saler et faire cuire doucement jusqu'à évaporation complète de l'eau. Ajouter le jus de citron, le persil haché, laisser mijoter quelques minutes. Servir très chaud.

15 *Tomates au khlii avec pommes de terre*

– pour 10 personnes

Ustensiles :

1 casserole
1 cocotte
1 plat de service

Ingrédients :

6 kg de tomates
250 g de khlii
5 cuillerées à soupe de graisse de khlii
3 oignons
1 cuillerée à soupe de piment doux
600 g de pommes de terre
1 bouquet de persil
Piment fort
Sel

Laver et éplucher les tomates, les épépiner et les couper en morceaux. Les mettre dans une cocotte (sans ajouter d'eau) avec les oignons finement hachés, la viande séchée, la graisse, le piment doux, le piment fort (suivant goût). Saler et mettre à cuire sur feu moyen.

Pendant ce temps, éplucher les pommes de terre, les laver et les couper en petits morceaux.

Lorsque le mélange viande et tomates aura cuit pendant quelques minutes, retirer les morceaux de khlii et les réserver.

Prélever un peu de jus de la cocotte, le mettre dans une casserole et y faire cuire les pommes de terre, à part. Faire réduire les tomates dans la cocotte et lorsque vous obtenez une sorte de confit, remettre viande, pommes de terre cuites à part, saupoudrer de persil finement haché et laisser cuire à nouveau quelques minutes en remuant.

Dresser sur le plat de service et servir très chaud.

16 Tomates au khlii avec coings

– *pour 10 personnes*

Mêmes ingrédients et même préparation que pour les tomates au khlii (recette nº 15). Remplacer les pommes de terre par des coings coupés en quartiers et non pelés.

17 Khlii au citron

– *pour 10 personnes*

Ustensiles :

1 tajine

Ingrédients :

350 g de khlii
1 cuillerée et demie de graisse de khlii
12 olives cassées (meslalla)
1 cuillerée et demie à soupe de piment doux
2 cuillerées à café de cumin
1 pincée de piment fort
Le jus de 2 citrons
1 bouquet de persil

Couper les morceaux de khlii au ciseau pour en faire de petits dés. Les mettre dans un tajine, avec la graisse et un verre d'eau. Poser le tajine sur le feu, ajouter les olives cassées dénoyautées, le piment doux, le cumin et le piment fort (suivant goût). Porter à ébullition et ajouter alors le jus de citron et le persil finement haché. Bien mélanger et laisser bouillir quelques minutes. Servir aussitôt, accompagné de thé à la menthe.

18 Khlii aux œufs

– pour 8 à 10 personnes

Ustensiles :

1 tajine

Ingrédients :

350 g de khlii
1 cuillerée à soupe de graisse de khlii
1 œuf par personne

Couper le khlii en petits dés à l'aide de ciseaux. Les mettre dans le tajine avec la graisse et faire cuire à feu très doux. Lorsque la graisse est fondue, casser les œufs épars dans le tajine et retirer du feu dès que les blancs sont cuits.

Servir brûlant, accompagné de thé à la menthe.

19 Haricots blancs en sauce (K'dra)

– pour 10 personnes

Ustensiles :

1 faitout
1 plat creux de service

Ingrédients :

600 g de haricots blancs
3 oignons émincés
2 oignons hachés
200 g de beurre
1 cuillerée à café et demie de poivre
2 poignées de persil haché
Fleur de safran (pilée de préférence)

Faire tremper les haricots la veille.

Dans le faitout mettre les haricots égouttés, les oignons hachés, le safran, le beurre, le poivre, le sel et recouvrir d'eau. Faire cuire. Goûter les haricots et avant la fin de la cuisson ajouter les oignons coupés en lamelles, ainsi que le persil haché. Dès que l'oignon est cuit et encore entier, retirer du feu. Si la sauce est trop épaisse, ajouter un peu d'eau. Servir très chaud dans le plat de service.

20 Kabab mefdi au beurre en sauce

– pour 8 à 10 personnes

Ustensiles :

10 brochettes
1 casserole
1 grand plat de service

Ingrédients :

1,500 kg de Kabab
200 g de beurre
5 cuillerées à soupe de vinaigre
1 verre d'eau
Sel

Faire les brochettes de Kabab (recette nº 126) les enfiler et les réserver.

Faire fondre le beurre à feu doux dans une casserole. Mouiller avec un verre d'eau, ajouter les oignons hachés, le persil tombé des brochettes une fois enfilées. Saler légèrement. Faire griller les brochettes de viande sur le charbon de bois. Les retirer encore chaudes de leurs broches et les mettre dans la casserole. Ajouter le vinaigre et laisser réduire jusqu'à ce que la sauce devienne onctueuse. Retirer du feu.

Servir très chaud.

21 *Kabab mefdi au beurre avec œufs*

– pour 8 à 10 personnes :

Ustensiles :

10 brochettes
1 tajine

Ingrédients :

1,500 kg de Kabab
200 g de beurre
5 cuillerées à soupe de vinaigre
1 verre d'eau
1 œuf par personne
Sel

Préparez un Kabab mefdi au beurre (comme indiqué recette nº 20). Verser la préparation dans un tajine et faire chauffer sur feu doux. Casser les œufs épars dans le tajine et retirer du feu dès que les blancs sont cuits.

Servir très chaud.

22 *Boulettes de kefta aux œufs*

– pour 8 personnes :

Ustensiles :

1 cocotte
1 tajine

Ingrédients :

500 g de kefta (viande hachée voir recette nº 123)
200 g de beurre
1 petite cuillerée de piment doux
1 ou 2 pincées de piment fort
8 œufs
Sel

Préparez une livre de kefta. Façonner des petites boulettes de la grosseur des billes avec lesquelles jouent les enfants. Se mouiller souvent les mains pour bien les arrondir. Faire fondre le beurre dans la cocotte, y poser les boulettes et les laisser rissoler en les tournant. La kefta donne son jus que vous laisserez réduire jusqu'à ce que la sauce devienne onctueuse. Retirer la cocotte du feu ; si la sauce n'est pas suffisamment colorée ajouter une petite cuillerée de piment doux.

Au moment de servir, verser le contenu de la cocotte dans le tajine, saupoudrer de piment fort et mettre à chauffer sur feu très doux. Casser alors les œufs épars sur la préparation, saler légèrement les œufs et retirer du feu le tajine dès que les blancs sont cuits.

Servir très chaud.

23 Boulettes de kefta au riz

– pour 8 à 10 personnes :

Ustensiles :

1 cocotte
1 plat creux de service

Ingrédients :

1 verre à thé de riz glacé
500 g de kefta
2 oignons
1 bonne pincée de safran
1 cuillerée à café de poivre
150 g de beurre
1 grosse poignée de persil haché
1 verre à thé de jus de citron

Bien laver, puis égoutter le riz. Le mélanger à la kefta (viande hachée). Former des petites boulettes (voir recette n° 123). Faire fondre le beurre dans la cocotte et y jeter les boulettes au fur et à mesure que vous les aurez façonnées. Ajouter les oignons finement hachés, le safran, le poivre, mouiller avec deux verres et demi d'eau et faire cuire sur feu modéré, cocotte fermée. Remuer de temps en temps. Lorsque le riz est cuit, ajouter le persil haché ainsi que le jus de citron. Laissez encore frémir quelques minutes puis retirez du feu avant que la sauce s'épaississe.

Dans le cas où vous auriez préparé cette kefta à l'avance et que la sauce se soit épaissie en refroidissant, ajouter un peu d'eau au moment de réchauffer.

Servir très chaud.

24 Boulettes de kefta aux tomates

– pour 8 à 10 personnes :

Ustensiles :

1 cocotte
1 plat creux de service

Ingrédients :

4 kg de tomates
2 oignons
200 g de beurre
500 g de kefta
2 cuillerées à café de poivre
1 bonne pincée de safran
Piment fort pilé
1 grosse poignée de persil haché
Sel

Laver, éplucher, épépiner les tomates et les couper en morceaux (ne pas les passer au moulin à légumes).

Dans la cocotte faire fondre le beurre : y jeter les tomates, les oignons finement rapés, le safran, le poivre, le piment fort pilé, le sel. Faire réduire l'ensemble en remuant souvent jusqu'à évaporation complète de toute l'eau et obtention d'une purée assez consistante.

Pendant la cuisson des tomates, confectionner les petites boulettes de kefta (suivant recette n° 20).

Lorsque la purée de tomates est à point y jeter les boulettes, ajouter le persil haché. Laisser cuire à petits bouillons, en mélangeant de temps en temps.

Retirer du feu dès que les boulettes sont cuites et que la sauce est bien réduite.

Servir très chaud.

25 *Boulettes de kefta M'chermla*

— pour 8 à 10 personnes :

Ustensiles :

1 cocotte
1 plat creux de service

Ingrédients :

1 kg de kefta
5 oignons
1/2 cuillerée à café de gingembre
1 bonne pincée de safran
1 cuillerée à café de piment doux
Piment fort pilé
150 g de beurre
2 verres et demi d'eau
2 cuillerées à soupe de persil et coriandre hachés mélangés
1/2 verre à thé de jus de citron
Sel

Dans la cocotte faire fondre le beurre : y jeter les oignons hachés très finement, le gingembre, le safran, le cumin, le piment doux, le piment fort (suivant goût), le sel et mouiller de deux verres et demi d'eau.

Lorsque l'oignon est cuit, mettre les boulettes que vous aurez préalablement façonnées avec la kefta. Ajouter le persil, le coriandre hachés très finement, puis le jus de citron. Laisser réduire quelques minutes et servir très chaud.

26 *Boulettes aux pommes de terre*

— pour 8 à 10 personnes :

Ustensiles :

1 poêle pour friture
1 grande casserole
1 moulin à légumes
1 grand plat creux pour la purée
1 plat de service

Ingrédients :

750 g de pommes de terre
4 œufs
2 dl d'huile d'olive
1 beau bouquet de persil
2 oignons moyens
4 cuillerées à soupe de farine
1/2 cuillerée à café de poivre noir moulu
1/2 cuillerée à soupe de poivre rouge
Sel

Faire cuire les pommes de terre à l'eau bouillante. Les peler puis les passer au moulin à légumes pour en faire une purée. Laver et hacher finement le persil. Eplucher et hacher également les oignons. Dans la purée de pommes de terre incorporer les œufs entiers préalablement battus, ajouter poivre noir, poivre rouge, le persil et les oignons, et saler suivant goût.

Bien mélanger, puis former des boulettes de la grosseur d'un œuf de poule. Les aplatir légèrement, les rouler dans la farine et les faire cuire dans l'huile bouillante. Les retourner pour qu'elles soient dorées de chaque côté. Les égoutter et les dresser sur le plat de service, avec à part une sauce tomate. Servir bien chaud.

27 Boulettes à la viande
– pour 8 à 10 personnes :

Ustensiles :

1 casserole
1 moulin à légumes
1 poêle pour friture
1 grand plat creux
1 plat de service

Ingrédients :

250 g de viande de mouton désossée
2 œufs
250 g de pommes de terre
2 dl d'huile d'olive
1 beau bouquet de persil
2 oignons
4 cuillerées à soupe de farine
1/2 cuillerée à café de poivre noir moulu
1/2 cuillerée à soupe de poivre rouge
Sel

Faire bouillir et écraser les pommes de terre.

Hacher la viande et le persil. Eplucher et couper finement les oignons. Ajouter le poivre noir et le poivre rouge, saler suivant goût. Bien mélanger le tout en y incorporant la purée de pommes de terre et les deux œufs entiers bien battus.

Former des boulettes de la grosseur d'un œuf de poule. Les aplatir légèrement, les rouler dans la farine et les faire dorer dans l'huile bouillante.

Servir très chaud, accompagné ou non de sauce tomate.

Les Soupes et les Potages

Je vous donne ci-dessous la recette de la soupe traditionnelle marocaine qui embaume chaque maison et chaque ruelle pendant la durée du Ramadan (30 jours).

Elle a pour nom la *HARIRA*.

28 La harira aux lentilles

– *pour 8 à 10 personnes* (temps de cuisson : 3 h).

Se prépare en deux opérations :
- le bouillon
- la tédouira

Ustensiles :

1 grande casserole
1 marmite
1 faitout

Ingrédients :

Pour le bouillon (cuisson 2 h)
300 g de viande (mouton ou veau) coupée en dés.
4 ou 5 os légèrement charnus
600 g de petits oignons entiers
1 cuillerée à café de safran
1 cuillerée a café et demie rase de poivre
1 noix de beurre
300 g de lentilles
1 citron
2 l d'eau (cuisson des lentilles)
Sel

LE BOUILLON

Triez et lavez les lentilles. Les mettre à cuire à l'eau froide salée. Dès qu'elles sont cuites les réserver, après les avoir arrosées avec le jus d'un citron.

Dans le faitout, placez la viande coupée en morceaux, les os, les petits oignons entiers. Assaisonnez avec safran, poivre et sel. Recouvrir la viande d'eau et faire cuire sur feu assez fort. Dès les premiers bouillons, baissez le feu et laissez mijoter. Surveillez la cuisson des oignons et les retirer dès qu'ils sont cuits de façon à les conserver entiers. Au bout d'une heure, vérifiez si la viande est cuite. Retirez le faitout du feu et ajoutez les lentilles et les petits oignons.

LA TEDOUIRA

Ingrédients :

Pour la Tédouira (cuisson 1 h) :
1 noix de beurre
1 bouquet 1/2 de coriandre
1 bouquet 1/2 de persil
2 kg de tomates en purée ou une boîte de concentré délayé dans 1 l 1/4 d'eau
3 l d'eau
1 verre à thé aux 3/4 plein de jus de citron
250 g de farine
Sel

Mettre l'eau à bouillir dans la marmite. Ajouter les tomates en purée ou le concentré de tomates délayé et une noix de beurre. Faire bouillir pendant un quart d'heure et ajouter le jus du bouillon seulement, en laissant au fond du faitout la viande, les lentilles et les oignons que vous réservez.

Hors du feu, verser petit à petit dans ce mélange la farine préalablement délayée dans un litre 1/4 d'eau. Remuer ensuite rapidement pour éviter les grumeaux.

Remettre le tout sur le feu en continuant de remuer doucement jusqu'à ébullition. Ajouter le persil haché très fin et le coriandre pilé au mortier. Saler.

Additionner ce coulis d'un litre et demi d'eau et le verser dans la marmite tout en remuant.

Rectifier l'assaisonnement si nécessaire. La harira doit être veloutée mais non épaisse.

Servir très chaud.

29 La harira aux pois chiches

– pour 8 à 10 personnes :

Même préparation que pour la harira aux lentilles mais remplacer celles-ci par :

2 verres et 1/2 à thé remplis de pois chiches, trempés de la veille et pelés le lendemain

Ces pois chiches sont cuits directement dans le bouillon.

Lorsque la soupe est prête, ajouter un verre à thé de riz cuit à part dans de l'eau salée.

30 Soupe de fèves « Mdammis »

– pour 8 à 10 personnes :

Ingrédients :

1,500 kg de fèves vertes
1 dl d'huile d'olive
4 à 5 gousses d'ail
1 cuillerée à soupe d'hrisa
1 cuillerée à soupe de cumin
Sel

Ecossez les fèves ; ne pas les peler

Dans une marmite faire chauffer deux litres d'eau avec une demi-cuillerée à soupe de gros sel. Plongez les fèves dedans et laissez cuire sur feu moyen.

Lorsque les fèves sont tendres, ajoutez l'hrisa, les gousses d'ail épluchées et les graines de cumin pilées ensemble. Rectifiez l'assaisonnement et laissez cuire encore quelques minutes.

Servir chaud, arrosé d'huile d'olive et de jus de citron avec, comme accompagnement, des tranches de pain de la veille.

31 *Bouillon à la viande séchée et aux œufs*

Ustensiles :

1 casserole
1 mortier
1 soupière

Ingrédients :

150 g de viande séchée (quaddid)
100 g de saucisses (merguez)
4 œufs
1 dl d'huile d'olive
2 cuillerées à soupe de purée de tomates
2 cuillerées à soupe d'hrisa
1/2 cuillerée à soupe de carvi
4 gousses d'ail
1 l et 1/2 d'eau
Sel
Pain rassis

Mettre l'huile à chauffer. Faire revenir la viande séchée, les saucisses coupées en morceaux. Ajoutez ensuite la purée de tomates, l'hrisa délayée avec un peu d'eau, l'ail épluché et les graines de carvi préalablement triées et pilées. Mouillez avec un litre d'eau chaude, couvrir le récipient et laisser cuire.

Vérifiez si la viande et les saucisses sont cuites, ajoutez à nouveau un demi-litre d'eau et refaire chauffer. Rectifiez l'assaisonnement et retirez la casserole du feu.

Cassez les œufs et les ajouter un à un en remuant vivement pour bien lier le bouillon.

Dans la soupière, coupez environ une livre de pain rassis en morceaux et versez dessus le bouillon chaud.

Servez aussitôt.

32 *Soupe de pied de veau « Hargma baqri »*

Ustensiles :

1 petite marmite
1 soupière

Ingrédients :

1 pied de veau ou 1 queue de veau – ou les deux –
1 dl d'huile d'olive
1/2 cuillerée à soupe d'hrisa
1/2 cuillerée à soupe de poivre noir moulu
1 cuillerée à soupe de tabil
1 pointe d'écorce de cannelle moulue
2 cuillerées à soupe de vinaigre ou le jus d'un citron
2 œufs
2 litres d'eau
Sel

Frottez le pied ou la queue de veau avec du sel fin et le poivre moulu.

Mettre l'huile à chauffer, ajouter l'hrisa. Mouillez de deux litres d'eau et y faire cuire le pied ou la queue (ou les deux) jusqu'à ce que leur chair se détache et s'écrase facilement entre les doigts. Retirez la marmite du feu et passez le bouillon.

A part, désossez le pied ou la queue de veau et remettre leur chair coupée en morceaux dans le bouillon.

Vérifier l'assaisonnement. Casser les œufs et les mélanger un à un dans la soupe en remuant vivement. Ajouter deux cuillerées de vinaigre ou le jus d'un citron.

Dans la soupière, couper en tranches du pain rassis, verser le bouillon par-dessus et servez très chaud.

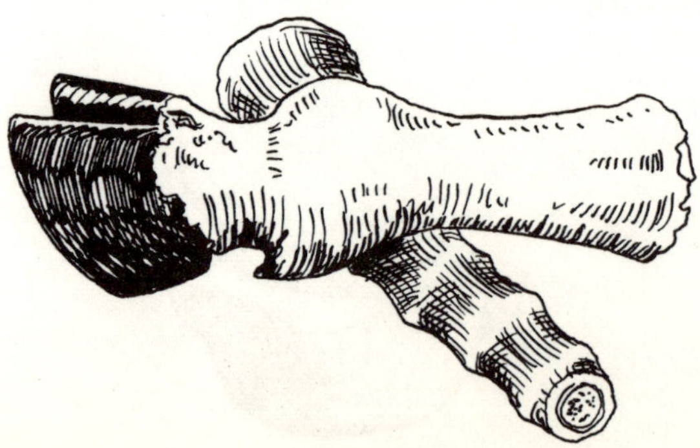

33 *Soupe de pieds de mouton « Hargma allus »*

Ustensiles :

1 hachoir
1 marmite
1 soupière

Ingrédients :

12 pieds de mouton
2 œufs
1 dl d'huile d'olive
1/2 cuillerée à soupe d'hrisa
1/2 cuillerée à soupe de poivre noir moulu
2 cuillerées à soupe de vinaigre ou le jus d'un citron
2 l d'eau
Sel
Pain rassis

Flambez les pieds de mouton pour les débarrasser des poils. Les gratter et les laver très soigneusement dans plusieurs eaux. Les fendre en deux à l'aide du hachoir et les frotter avec du sel fin et du poivre noir moulu.

Dans la marmite, mettre l'huile à chauffer. Ajoutez l'hrisa et versez deux litres d'eau. Mettre les pieds de mouton dans la marmite et laissez cuire à petits bouillons jusqu'à ce que la chair se détache facilement entre les doigts. Retirez du feu et passez le bouillon. Désossez les pieds et coupez en morceaux leur chair que vous remettrez dans le bouillon. Vérifiez l'assaisonnement, puis cassez un à un les œufs dans la soupe en remuant vivement pour bien lier l'ensemble, ajoutez deux cuillerées de vinaigre ou le jus d'un citron.

Dans la soupière, coupez le pain rassis en morceaux et versez dessus la soupe bouillante.

Servir aussitôt.

34 *Soupe de tête de mouton « Hargma bi ras »*

Même préparation que pour la « Soupe de pieds de mouton ».

Grillez la tête de mouton pour en éliminer toute laine. La racler et la laver abondamment dans plusieurs eaux. Prélevez la cervelle qui servira pour une autre préparation.

– Certains préparent la hargma sans huile.

35 Soupe de poulet « Brudu di dzaz »

Ustensiles

1 cocotte
1 marmite
1 soupière

Ingrédients :

1 beau poulet
1 cuillerée à soupe de beurre salé
1/2 décilitre d'huile d'olive
1 chou-rave
4 poireaux
5 carottes
1 branche de persil
1 branche de céleri
2 belles pommes de terre
1 cuillerée à soupe de purée de tomates
1/2 cuillerée à café de poivre noir moulu
2 litres d'eau
Sel

Plumer, flamber, vider et laver le poulet. Le découper en morceaux. Assaisonner ces derniers avec sel et poivre. Dans une cocotte, les faire revenir pendant quelques minutes dans l'huile et le beurre salé. Ajouter la purée de tomate.

Les légumes épluchés et lavés, ficeler en botte les poireaux avec le persil et le céleri.

Mettre dans la marmite tous les légumes (poireaux,carottes, pommes de terre), et verser dessus le contenu de la cocotte (poulet + tomate). Recouvrir avec deux litres d'eau et faire cuire à petits bouillons.

Vérifier le sel et servir très chaud bouillon et poulet à part, avec les légumes.

36 *Potage aux nouilles « Rista zarya »*

Ustensiles :

1 marmite
1 soupière

Ingrédients :

Quelques morceaux de viande séchée « Quaddid » (facultatif)
1 décilitre d'huile d'olive
200 g de nouilles
1 petit bouquet de persil
1 branche de céleri
100 g de pois chiches
100 g de fèves sèches
500 g de tomates fraîches
Quelques piments frais
1 petit oignon
1 cuillerée d'hrisa
1/2 cuillerée à soupe de poivre rouge
2 litres d'eau
Sel

Trier, laver les fèves et les pois chiches et les mettre à tremper la veille du jour où l'on veut confectionner le plat.

Mettre au fond de la marmite l'huile à chauffer. Y faire roussir l'oignon émincé, ajouter les morceaux de viande séchée (facultatif), les tomates en purée, l'hrisa délayée dans un peu d'eau et le poivre rouge. Ajouter les pois chiches et les fèves avec leur eau de trempage, la branche de céleri et le bouquet de persil préalablement hachés.

Recouvrir avec les deux litres d'eau et faites cuire à petit bouillon.

Lorsque la viande et les légumes secs sont suffisamment cuits, vérifier le sel et ajouter les nouilles coupées en morceaux. Ajouter les piments frais, après les avoir salés en y introduisant une pincée de sel à travers une petite incision pratiquée avec la pointe d'un couteau.

Remettre à cuire une vingtaine de minutes.

Versez dans la soupière et servez très chaud.

37 Potage aux poissons « Sorba bil hut »

Ustensiles :

1 faitout
1 moulin à légumes
1 soupière

Ingrédients :

500 g de poissons variés
2 œufs
1 décilitre d'huile d'olive
150 g de pâtes fines
3 pommes de terre
1 bouquet de persil
1 branche de céleri
250 g de tomates fraîches
1/2 cuillerée à soupe de poivre noir
1 citron
1 litre 1/2 d'eau
Sel

Prendre 500 g de petits poissons bien frais, n'importe lesquels. Les étêter, les écailler, les vider, les laver et les faire cuire dans de l'eau salée, avec les pommes de terre, le céleri, le persil et les tomates pelées et épépinées.

Dès que les poissons sont cuits, les retirer. Oter les arêtes et émietter les filets.

A part, écraser les légumes au moulin.

Mettre l'huile à chauffer, ajouter les filets de poissons émiettés ainsi que les légumes écrasés. Assaisonner avec le poivre noir, mouiller avec un litre et demi d'eau et porter à ébullition. Aux premiers bouillons ajouter les pâtes et laisser cuire à nouveau 15 à 20 minutes.

Rectifier l'assaisonnement. Casser les œufs et les ajouter un à un dans le bouillon en remuant vivement. Arroser d'un jus de citron et servir très chaud.

Les Pâtes

38 *Pâte à ouarka (Feuilles pour « Bastela »)*

– *Proportions pour une bastela de 8 pigeons*

Ingrédients :

550 g de farine de blé dur tamisée au tamis de soie (chtato)
550 g de farine fine également tamisée
2 cuillerées et 1/2 à café de sel.

Faire une pâte ayant tout d'abord la consistance d'une pâte à pain. La pétrir fortement, mais en ayant soin de ne pas briser son élasticité. Ajouter petit à petit de l'eau, tout en l'aérant. Sa consistance doit être celle d'une pâte à beignets. Pour le vérifier, prenez un peu de pâte entre les doigts : faites le geste de la laisser tomber, puis la rattraper au vol. La pâte doit suivre le mouvement de la main.

Travaillez encore la pâte en la soulevant des deux mains posées à plats dessus et en l'abattant plusieurs fois violemment contre la table.

Prendre ensuite cette pâte molle et élastique, la poser dans un grand plat creux et la recouvrir d'un ou deux millimètres d'eau.

La laisser reposer environ une heure avant utilisation.

39 Pâte à rghaïf (sorte de crêpes)

Les rghaïf sont des sortes de crêpes que l'on prépare farcies de différentes façons : de pigeon, de poulet, de viande ou de khlii (viande en conserve), d'amandes, etc.

Succulentes, leur pâte ressemble à un feuilletage dont je vous donne ci-dessous la préparation.

Ingrédients :

550 g de farine
1 cuillerée à soupe 1/4 de sel
25 g de levure de boulanger
1/2 l d'eau (plus ou moins suivant la qualité d'absorption de la farine).

Mettre la farine dans un grand plat (gsââ) ou tout simplement sur la table de cuisine. Formez un puits au centre. Ajoutez le sel et la levure diluée dans un peu d'eau, versez un peu d'eau tiède et mélangez vigoureusement jusqu'à obtention d'une pâte consistante.

Pétrir énergiquement cette pâte pendant une demi-heure en ajoutant un peu d'eau de temps en temps si la pâte est trop dure. Elle doit être un peu plus molle que la pâte à pain, mais cependant très élastique et maniable.

L'enduire alors d'un peu d'huile pour la préparation des rghaïf et former des petites boules.

Pour cela, prendre la pâte avec la main droite, former un anneau avec l'index et le pouce de la main gauche et presser pour en sortir une boule bien lisse. Au fur et à mesure enduire la pâte et les mains avec un peu d'huile de façon que la pâte glisse facilement. Ces boules seront plus ou moins grosses suivant la variété de rgaïf que l'on désire préparer.

Les Entrées

40 Les Briouats

Les briouats sont de petites enveloppes de « ouarka » (feuilles pour bastela) farcies de différentes façons : viande hachée (kefta), riz au lait, etc. On peut aussi les farcir de cervelle, de merguez, de poisson, suivant le goût.

Frites dans l'huile bouillante, bien dorées, croquantes sous la dent, c'est un vrai régal.

Différentes façons de plier les briouats.

On peut les plier de trois manières : rectangulaires, triangulaires ou cylindriques. Faire des feuilles de ouarka (recette n° 38) de 15 à 20 cm de côté, ou découper les grandes feuilles à bastela à ces dimensions.

La pliure rectangulaire

Placer la feuille sur la table, le côté brillant dessous. Poser en l'aplatissant la valeur d'une cuillerée et demie à café de farce au bas de la feuille, à environ 4 cm du bord. Rabattre les deux côtés de la feuille sur la farce dans le sens de la longueur. On obtient une bande rectangulaire de 5 cm de large. Plier et replier délicatement cette bande sur elle-même, en commençant par le côté contenant la farce. Aplatir légèrement l'enveloppe ainsi obtenue avec la paume de la main. Mettre en attente, enveloppée dans un linge propre jusqu'au moment de la frire.

La pliure cylindrique

Procéder de la même façon que pour l'enveloppe rectangulaire, mais lorsque les deux côtés de la feuille sont rabattus sur la farce, rouler la bande sur elle-même et surtout ne pas l'aplatir. Mettre en attente, enveloppée dans un linge jusqu'au moment de la frire.

La pliure triangulaire

Même procédé que pour les deux précédents. Lorsque les deux côtés sont rabattus sur la farce, plier et replier la bande ainsi obtenue en biais et aplatir légèrement l'enveloppe avec la paume de la main. Frire également au dernier moment.

41 Farce à « briouats » à la kefta

– Proportions pour 80 « briouats »

Ustensiles :

1 grande poêle
1 spatule
1 bassine à friture

Ingrédients :

500 g de viande hachée
100 g de graisse de bœuf (kefta) (voir recette n° 123)
1 feuille de 15 cm sur 20 cm de ouarka par enveloppe
6 œufs
150 g de beurre
3 cuillerées à café de cannelle
Sucre glace

Préparer la viande hachée (kefta). Faire fondre le beurre dans la poêle ; ajouter la viande hachée en remuant constamment à la spatule. Lorsque la viande est cuite et que le jus est totalement évaporé, verser petit à petit les œufs préalablement battus, en remuant continuellement. Ajouter la cannelle. Laisser cuire encore deux ou trois minutes sans cesser de remuer et retirer du feu.

Plier les briouats suivant les explications données (recette nº 40) et faire frire des deux côtés dans l'huile bouillante. Laissez-les bien dorer et égoutter.

Servir aussitôt avec cannelle et sucre glace.

42 Briouats aux saucisses rouges (merguez)

– *Proportions :* comptez 3 à 4 merguez par personne et autant de feuilles de « ouarka »

Enrouler chaque merguez dans une feuille de ouarka de 15 cm sur 20 cm de côté.

Faire les briouats cylindriques à la dimension de la saucisse. Frire à l'huile bouillante. Faire bien égoutter et les manger bien chaudes, accompagnées de sauce piquante.

43 Briouats au riz

– *Proportions pour 60 briouats*

Ustensiles :

1 casserole
1 poêle à frire
1 mortier

Ingrédients :

250 g de riz glacé
1/2 litre de lait
100 g de beurre
1/2 cuillerée à café de sel
4 cuillerées à soupe bien pleines de sucre en poudre
1 verre 1/2 d'eau
2 cuillerées à soupe d'eau de fleur d'oranger
1 feuille de ouarka de 15 cm sur 20 cm par enveloppe
75 g d'amandes
Cannelle
Sucre glace.

Faire bouillir le lait coupé d'eau dans une grande casserole. Laver soigneusement le riz dans plusieurs eaux, l'égoutter et le verser en pluie dans le lait en ébullition. Ajouter le beurre, le sel et laisser cuire pendant quinze minutes tout en remuant. Au bout de ce temps ajouter le sucre et l'eau de fleur d'oranger. Laisser cuire encore pendant cinq à dix minutes sans cesser de remuer. Retirer du feu. Laisser refroidir tout en remuant de temps en temps, le riz continuant ainsi sa cuisson.

D'autre part, émonder, faire frire et piler grossièrement les amandes, puis les mélanger au riz.

Plier les briouats, une fois le riz refroidi, en suivant les indications données (recette nº 40). Les frire à l'huile bouillante des deux côtés. Lorsqu'elles sont bien dorées, les égoutter.

Servir ces briouats accompagnées de cannelle et sucre glace.

44 Trid (crêpes farcies de pigeon, poulet ou viande)

– Proportions pour 8 personnes

Ustensiles :

1 marmite
1 brasero
1 cocotte
1 tajine ou
1 grand plat rond en terre à feu

Ingrédients :

1 vingtaine de feuilles (crêpes)
600 g de farine
Pâte à rghaïf mais sans levure
1 poulet coupé en morceaux de la taille d'une demi-cuisse ou
5 pigeons entiers – viande à découper après cuisson ou
800 g de viande de mouton (épaule et carré de côtelettes) découpée en petits morceaux
1 cuillerée à café et demie de poivre
1 bonne pincée de safran
7 gros oignons râpés
150 g de beurre
1 bâton de cannelle
Sucre en poudre et cannelle pour saupoudrer.

Le Trid est un ensemble de crêpes larges et fines, faites avec la pâte à rghaïf et farcies soit de poulet, soit de pigeon, soit de viande.

Ces crêpes ne se font pas cuire à la poêle.

BRIOUATS A LA KEFTA

De subtiles crêpes fourrées de viande hachée.

BRICK A L'OEUF

Il existe toutes sortes de bricks.
Un des plus connus, le brick à l'œuf,
constitue une entrée très fine.
On peut l'arroser d'un mince filet de citron.

Autrefois, on employait une sorte de poterie ventrue, percée largement aux deux extrémités, appelée la Qdra dial Trid. La braise était posée à l'intérieur même du vase que l'on plaçait couché sur le côté, en équilibre sur des pierres qui lui servaient de support. A défaut de Qdra dial Trid, employer, tout simplement, une marmite assez large. Sur un brasero contenant de la braise, placer la marmite renversée et faire cuire les crêpes bien étalées sur le dos de cet ustensile.

Préparation des crêpes pour Trid

Pétrir la pâte à rghaïf (voir recette n° 39) et former des boules de la grosseur d'une mandarine (environ 20 à 25 boules). Huiler le coin de votre table de cuisine préalablement bien nettoyée. Se huiler également les mains. Prendre la première boule formée, la poser sur la table, l'étendre en longueur et en largeur. L'étaler en l'étirant et en l'aplatissant jusqu'à l'obtention d'un feuilletage carré de l'épaisseur d'une feuille de papier. Prendre cette feuille par les quatre extrémités (cette opération nécessite deux personnes) et l'étaler bien à plat en continuant à l'étirer doucement avant de la poser sur le dos de la marmite renversée (voir mode de cuisson paragraphe précédent).

La cuire rapidement sur les deux faces et la poser encore molle dans un grand plat.

Recommencer la même opération et la même cuisson pour les autres boules en empilant les crêpes au fur et à mesure dans le plat.

Cuisson de la farce

Placer le poulet, le pigeon ou la viande dans une cocotte préalablement beurrée. Saler et ajouter les oignons râpés, le bâton de cannelle, le poivre et le safran.

Faire cuire à couvert en retournant la volaille ou la viande. Si nécessaire, mouiller d'un peu d'eau en cours de cuisson. Lorsque la chair se détache facilement avec les doigts, la cuisson est terminée. Retirer du feu et faire réduire le fond de sauce à l'oignon jusqu'à évaporation de toute eau. Remettre alors poulet, pigeon ou viande dans la cocotte et laisser mijoter à feu doux pendant quelques minutes, en remuant. Retirer du feu et découper alors poulet ou pigeon en morceaux.

Présentation du Trid

Au moment de servir, réchauffer la farce. Dans un grand plat rond ou tajine, placer une couche de crêpes, saupoudrer de sucre et cannelle mélangés, recouvrir d'une nouvelle couche de crêpes. Etaler par-dessus la moitié de la sauce à l'oignon, mettre une nouvelle couche de crêpes, saupoudrer de sucre et de cannelle, recouvrir de crêpes et étaler à nouveau par-dessus le restant de sauce à l'oignon et les morceaux de poulet, pigeon ou viande. Recouvrir de crêpes et saupoudrer une dernière fois de sucre et de cannelle.

Couvrir et mettre à four modérément chaud pendant une dizaine de minutes. Servir aussitôt.

45 Rghaïf del ferran

Temps de préparation : 2 heures
Temps de cuisson : 1 heure

– *Proportions pour une vingtaine de rghaïf*

Ingrédients :

600 g de farine
1 bol et demi de persil haché
350 g d'oignons râpés et pressés de toute eau
150 g d'agrisse (débris de khlii)
1 cuillerée et demie à soupe de piment doux
1 cuillerée et demie à café rase de cumin
1/2 cuillerée à café de piment fort pilé

Mélanger les ingrédients de la farce, préparer la pâte à rghaïf (recette n° 39).

Former environ 45 boules de la grosseur d'un abricot et les placer sur la table légèrement huilée.

Poser la première boule sur le coin de la table. L'étendre en l'étirant et en l'aplatissant du bout des doigts également huilés. Etaler en longueur et en largeur, de manière à obtenir un feuilletage carré de l'épaisseur d'une feuille de papier.

Etaler une cuillerée à soupe de farce au milieu de cette feuille. Plier la feuille, d'abord en trois, en rabattant un côté sur l'autre, puis replier le rectangle ainsi obtenu en trois, de façon à former un carré de huit centimètres de côté environ.

De la même façon, étaler une autre boule très finement. Placer alors le carré farci (côté transparent vers le haut) au milieu de cette nouvelle feuille. Replier de même, en carré, cette feuille sur la première.

Huiler légèrement une plaque à four. Poser le rghaïf dessus. Recommencer l'opération en mettant chaque fois un carré farci dans un autre, non farci, jusqu'à épuisement de la pâte et déposer les rghaïf au fur et à mesure sur la plaque en laissant un petit espace entre les carrés.

Aplatir légèrement les rghaïf du bout des doigts et faire cuire à four modérément chaud, environ une demi-heure.

Se mangent chaudes et croustillantes dès qu'elles sortent du four, accompagnées de thé à la menthe.

– Si, en cours de cuisson, les rghaïf rejettent un peu d'huile, retirer ce surplus de gras avant qu'elles ne l'absorbent à nouveau et remettre au four jusqu'à ce qu'elles soient bien dorées.

LES BRICKS ET LES BEIGNETS SALÉS

46 La malsouqua

– pour 18 à 20 feuilles :

Ustensiles :

1 plateau de cuivre étamé

Ingrédients :

500 g de semoule de blé dur
Sel

Cette pâte feuilletée nécessite un certain tour de main. Elle sert à confectionner différents plats ou préparations sucrés.

Préparation :

Faire une pâte sans levain avec la semoule et ce qu'il faut de sel. Bien la pétrir et laisser reposer une heure. Au bout de ce temps, la reprendre et la pétrir longuement en l'arrosant copieusement d'eau tiède jusqu'à ce qu'elle devienne molle et s'étale d'elle-même.

Posez sur le réchaud le plateau de cuivre, les bords tournés vers le bas. Laissez chauffer.

Tremper les doigts dans l'eau et prélever une portion de pâte. D'un mouvement rapide laisser tomber celle-ci, sans la lâcher complètement et d'un geste vif la rattraper juste au moment où elle touche le fond du plateau, en laissant ainsi une mince pellicule. Répéter l'opération de façon à tapisser le fond du plateau. Dès que la pellicule est sèche, la détacher et la mettre de côté sur un linge humide. Continuer de la même manière jusqu'à épuisement de la pâte. Vous obtenez ainsi une malsouqua légère et extrêmement fine.

47 Brick à l'œuf

Ingrédients :

4 feuilles de pâte (Malsouqua)
4 œufs
1 dl d'huile d'olive
1 petit oignon
Quelques branches de persil
1 citron
1/2 cuillerée à café de poivre noir
Sel

Eplucher l'oignon et le hacher avec le persil équeuté et lavé. Faire cuire l'ensemble dans un peu d'eau salée. Egoutter et épicer avec le poivre noir moulu.

Mettre l'huile à chauffer dans la poêle.

Prendre une à une les feuilles de malsouqua et les étaler au fur et à mesure sur une assiette. Placer au milieu de chaque feuille un peu de farce et casser dessus un œuf cru. Plier délicatement la feuille, approcher l'assiette de la poêle et faire glisser le brick dans la friture très chaude. Le retourner pour faire dorer l'autre face.

Servir très chaud avec des tranches de citron.

48 *Brick à la pomme de terre*

Ingrédients :

12 feuilles de pâte feuilletée (Malsouqua)
2 œufs
250 g de pommes de terre
Quelques branches de persil
1 oignon
1 dl d'huile d'olive
1 cuillerée à soupe de câpres
1/2 cuillerée à café de poivre noir moulu
1 citron
Sel

Faire cuire les œufs durs, les écaler et les couper en morceaux. Faire cuire les pommes de terre à l'eau bouillante et lorsqu'elles sont à point, les peler et les écraser en purée. Assaisonner cette purée avec sel et poivre noir moulu, et y incorporer le persil et l'oignon hachés finement.

Mettre l'huile à chauffer dans la poêle.

Etaler les feuilles de malsouqua une à une et mettre au centre de chacune d'elles une cuillerée à soupe de purée de pommes de terre, quelques câpres et des morceaux d'œufs durs.

Plier la feuille délicatement en formant un triangle et les mettre au fur et à mesure dans la friture bien chaude. Les retourner pour que les bricks soient dorés de tous côtés, les égoutter et servir très chaud avec des tranches de citron.

49 *Brick au poulet*

Ingrédients :

250 g de poulet
4 œufs
1/4 de litre d'huile d'olive
250 g de pommes de terre
1 bouquet de persil
1 oignon
1/2 cuillerée à café de poivre noir
1 citron
8 feuilles de pâte feuilletée (Malsouqua)
Sel

Peler, laver les pommes de terre et les mettre à cuire dans une casserole avec une poitrine de poulet, le persil et l'oignon. Lorsque la viande est cuite, désossez-la et passez-la au hachoir électrique avec tous les légumes. Poivrer et saler cette farce et y incorporer deux œufs crus entiers. Bien mélanger. Faire cuire les deux autres œufs durs, les écaler et les couper en morceaux.

Mettre l'huile à chauffer dans la poêle.

Etaler chaque feuille de malsouqua sur une assiette et placer bien au milieu une cuillerée à soupe de farce et quelques morceaux d'œufs durs. Plier délicatement la feuille et faire glisser doucement le brick dans la friture bien chaude. Retourner pour que le brick soit doré sur les deux faces, retirer du feu et bien égoutter.

Servir très chaud avec des tranches de citron.

50 Brick à la viande

Ingrédients :

250 g de viande d'agneau
4 œufs
1 cuillerée à café de parmesan râpé
1/2 cuillerée à soupe de beurre salé
1 dl d'huile d'olive
Quelques branches de persil
1 petit oignon
1/2 cuillerée à café de poivre noir moulu
1 citron
4 feuilles de pâte feuilletée (Malsouqua)
Sel

Désosser et hacher la viande. Hacher finement l'oignon et le persil et les mélanger à la viande. Assaisonner avec sel et poivre noir moulu et faire cuire ce hachis à la poêle dans une noix de beurre salé. Retirer du feu et piler à nouveau. Ajouter le fromage râpé et bien mélanger.

Mettre l'huile à chauffer.

Prendre une à une les feuilles de malsouqua, les étaler sur une assiette et plier les bords de manière à former un carré. Placer au milieu de la feuille le quart de la farce, casser un œuf dessus et lier la feuille en forme de triangle. Approcher l'assiette de la poêle à frire et faire glisser le brick dans la friture bien chaude. Le retourner pour faire dorer l'autre face.

Egoutter et servir très chaud avec des tranches de citron.

51 Brick à la cervelle

Ingrédients :

100 g de cervelle d'agneau
4 œufs
10 g de fromage râpé
1/2 cuillerée à soupe de beurre salé
1 dl d'huile d'olive
Quelques branches de persil
1 petit oignon
1/2 cuillerée à café de poivre noir moulu
1 citron
4 feuilles de pâte feuilletée (Malsouqua)
Sel

Faire dégorger la cervelle dans l'eau vinaigrée, la rincer et la cuire ensuite à l'eau bouillante salée pendant quelques minutes. L'égoutter, la laisser refroidir et la couper en petits morceaux. Procéder alors comme pour les « bricks à la viande » (recette n° 50).

52 Brick au thon à l'huile

Ingrédients :

100 g de thon à l'huile
4 œufs
10 g de fromage râpé
1/2 cuillerée à soupe de beurre salé
1 dl d'huile d'olive
Quelques branches de persil
1 petit oignon
1 cuillerée à soupe de câpres
1/2 cuillerée à café de poivre noir moulu
1 citron
4 feuilles de pâte feuilletée (Malsouqua)
Sel

Laver et hacher le persil. Eplucher et émincer l'oignon. Emietter le thon et bien mélanger le tout avec une pointe de poivre et les câpres équeutées et lavées. Faire cuire ce mélange pendant quelques minutes dans une noix de beurre salé.

Procéder alors comme pour les « bricks à la viande » (recette nº 50).

53 Brick aux anchois

Ingrédients :

100 g d'anchois au sel
4 œufs
10 g de fromage râpé
1 cuillerée à soupe de beurre salé
1 dl d'huile d'olive
Quelques branches de persil
1 petit oignon
1/2 cuillerée à café de poivre noir moulu
1 citron
4 feuilles de pâte feuilletée (Malsouqua)
Sel

Même recette que celle des « Bricks au thon » (nº 52).

Remplacer le thon par les anchois, préalablement étêtés, dessalés, lavés, auxquels vous enlèverez l'arête centrale et que vous émietterez ensuite.

LES BEIGNETS

54 Beignets au poisson

Ingrédients :

500 g de poisson
2 blancs d'œufs
1 dl 1/2 d'huile d'olive
8 cuillerées à soupe de farine blanche
1/2 cuillerée à café de poivre noir moulu
1 noix de levure de boulanger
Sel

Faire une pâte de la consistance d'une pâte à crêpe épaisse, en mélangeant la farine, les blancs d'œufs, deux cuillerées à soupe d'huile d'olive, une pincée de sel, la levure et ce qu'il faut d'eau tiède pour travailler la pâte. La laisser reposer environ deux heures.

Eplucher le poisson et le couper en petites tranches. Assaisonner ces tranches avec sel et poivre et au moment de se mettre à table, les tremper dans la pâte et les faire frire dans l'huile bouillante.

Servir aussitôt, très chaud.

55 *Beignets à la cervelle*

Ingrédients :

200 g de cervelle (une petite cervelle de veau ou deux cervelles de mouton)
4 œufs
50 g de gruyère râpé
1 dl 1/2 d'huile d'olive
2 cuillerées à soupe de farine blanche
1/2 cuillerée à café de poivre noir moulu
Sel

Faire dégorger la cervelle dans de l'eau fraîche vinaigrée. La rincer et la faire cuire à l'eau bouillante salée pendant quelques minutes. L'égoutter et la couper en tranches.

Battre ensemble les œufs entiers, la farine et le fromage râpé avec deux ou trois pincées de poivre et une pincée de sel. Tremper délicatement les tranches de cervelle dans ce mélange et les faire cuire dans l'huile très chaude.

Servir aussitôt.

56 *Beignets de poulet*

Ingrédients :

1 petit poulet bien tendre
1 œuf
2 dl d'huile d'olive
200 g de farine
1 citron
1/2 cuillerée à café de poivre noir moulu
1 noix de levure de boulanger
Sel

Plumer, flamber et vider le poulet. Le faire rôtir ou le faire cuire dans un bouillon d'eau salée. Le désosser et couper la chair en carrés assez grands. Les assaisonner avec sel et poivre noir moulu.

D'autre part, délayer la farine dans un demi-litre d'eau tiède, ajouter la levure, deux cuillerées à soupe d'huile d'olive et l'œuf battu. Bien mélanger et laisser reposer cette pâte environ deux heures.

Mettre l'huile à chauffer. Tremper les carrés de poulet dans la pâte et les faire dorer quelques minutes dans la friture bouillante. Les égoutter et les arroser de jus de citron.

Servir aussitôt bien chaud.

57 Beignets aux légumes

Ingrédients :

4 œufs
50 g de parmesan râpé
2 cuillerées à soupe de beurre salé
1 dl d'huile d'olive
150 g de farine
Quelques bouquets de choux-fleur
1 petite aubergine
Quelques tomates fraîches
2 artichauts (utiliser seulement les cœurs)
250 g de betterave rouge
1/2 cuillerée à soupe de poivre noir moulu
Sel

Battre ensemble les œufs, la farine, le fromage râpé, le beurre salé, en ajoutant un peu d'eau tiède pour obtenir une pâte bien liée.

Couper les bouquets de choux-fleur dans le sens de la longueur. Peler l'aubergine et la couper en rondelles minces. Eplucher la betterave ; la couper également en tranches, ainsi que le cœur des artichauts.

Faire cuire tous ces légumes à l'eau bouillante salée.

Lorsqu'ils sont tendres, les égoutter.

Choisir des tomates de préférence pas trop mûres, les épépiner et les couper en tranches.

Faire tremper tous ces légumes pendant une bonne demi-heure dans un mélange de jus de citron et d'huile d'olive, avec sel et poivre moulu.

Mettre l'huile et chauffer.

Tremper une à une les tranches de légumes dans la pâte et les faire cuire dans la friture bouillante.

Servir aussitôt, très chaud.

LES CHAKCHOUKAS ET LES TBIKHAS

58 Chakchouka aux tomates et piments « Saksukit tmatin filfil »

Ingrédients :

100 g de viande en conserve (quaddid)
1 dl d'huile d'olive
500 g de tomates fraîches
250 g de piments frais
4 oignons
1/2 cuillerée d'hrisa
1/2 cuillerée à soupe de poivre rouge
Sel

Eplucher les oignons et les couper en morceaux, puis les faire revenir dans l'huile. Ajouter le quaddid (ou des merguez), les tomates coupées en morceaux, les piments épépinés coupés également en morceaux, le poivre rouge et l'hrisa. Mouiller d'un verre d'eau et laisser cuire sur feu moyen.

Dès que les morceaux de quaddid sont cuits, vérifier l'assaisonnement et servir bien chaud.

59 *Chakchouka de nabeul « Saksuka nabliya »*

Ingrédients :

4 œufs
1 dl d'huile d'olive
500 g de tomates fraîches
250 g de piments frais
3 à 4 gousses d'ail
1/2 cuillerée à soupe d'hrisa
1/2 cuillerée à soupe de graines de carvi
Sel

Dans une cocotte, faire chauffer l'huile, ajouter quelques morceaux de quaddid si l'on préfère. Mouiller d'un verre d'eau.

Epépinez tomates et piments ; les couper en morceaux. Les ajouter dans la cocotte avec poivre rouge, hrisa, les graines de carvi et les gousses d'ail épluchées et émincées. Saler suivant goût et faire cuire quarante à quarante cinq minutes sur feu doux.

Servir chaud.

60 *Chakchouka aux oignons « Hriquit basla »*

Ingrédients :

150 g de viande en conserve (quaddid)
1 dl d'huile d'olive
250 g d'oignons
1 cuillerée à soupe de purée de tomates
1/2 cuillerée à soupe d'hrisa
Sel

Faire chauffer l'huile dans une cocotte et y faire revenir les oignons épluchés et coupés en morceaux. Ajouter le quaddid également coupé en morceaux, la purée de tomates et l'hrisa. Couvrir d'eau et laisser cuire sur feu doux. Lorsque le quaddid est à point, vérifier l'assaisonnement et servir bien chaud.

– On peut également ajouter des pois chiches et des févettes que l'on aura fait tremper la veille.

61 *Chakchouka aux aubergines « Saksukit bit inzal »*

Ingrédients :

150 g de viande en conserve (quaddid)
1 dl d'huile d'olive
500 g d'aubergines
2 oignons
1 cuillerée à soupe de purée de tomates
1/2 cuillerée à soupe d'hrisa
1/2 cuillerée à soupe de poivre rouge
Sel

Faire chauffer l'huile dans une cocotte et y faire revenir les oignons épluchés et émincés. Ajoutez la viande coupée en morceaux, la purée de tomates, l'hrisa, le poivre rouge. D'autre part, pelez et coupez en morceaux les aubergines ; les ajouter dans la cocotte, couvrir d'eau et laisser cuire sur feu doux. Dès que la viande est cuite, vérifier l'assaisonnement et servir très chaud.

62 *Chakchouka au pourpier « Saksukit blindiqua »*

Ingrédients :

150 g de viande en conserve
1 dl d'huile d'olive
1 kg de pourpier
2 oignons
1 cuillerée à soupe de purée de tomates
1/2 cuillerée à soupe d'hrisa
Sel

Dans une cocotte, mettre l'huile à chauffer et y faire revenir les morceaux de quaddid avec les oignons épluchés et émincés. Ajouter la purée de tomates, l'hrisa. Mélanger l'ensemble et faire cuire sur feu doux.

A moitié cuisson, ajoutez les feuilles de pourpier triées et débarrassées de leurs tiges. Laisser cuire à nouveau une vingtaine de minutes, vérifier l'assaisonnement et servir chaud.

63 Chakchouka aux pommes de terre « Saksukit batata »

Ingrédients :

100 g de viande en conserve
1 dl d'huile d'olive
500 g de pommes de terre
250 g de tomates fraîches
150 g de piments frais
4 oignons
1/2 cuillerée à soupe d'hrisa
1/2 cuillerée à soupe de poivre rouge
Sel

Dans une cocotte, faire revenir les oignons émincés dans l'huile. Ajouter la viande coupée en morceaux, la purée de tomates, l'hrisa et le poivre rouge. Mouiller d'un demi-litre d'eau et faire cuire sur feu doux.

A moitié cuisson, ajouter les pommes de terre pelées et coupées en quartiers. Vérifier l'assaisonnement et laisser mijoter jusqu'à cuisson complète de la viande. Ajouter les piments frais tels quels ou coupés en morceaux.

Retirer du feu au bout de dix minutes et servir bien chaud.

64 Chakchouka aux artichauts « Saksukit gannariya »

Ingrédients :

150 g de viande en conserve
1 dl d'huile d'olive
1 kg d'artichauts
1 oignon
1 cuillerée à soupe de purée de tomates
1/2 cuillerée à soupe d'hrisa
1/2 cuillerée à soupe de poivre rouge
Sel

Nettoyez, coupez le haut des feuilles des artichauts et les mettre à cuire dans l'eau bouillante légèrement salée environ vingt minutes. Les égoutter et enlever feuilles et foin pour ne conserver que les cœurs.

D'autre part, dans une cocotte faire revenir dans l'huile l'oignon émincé. Ajoutez la viande coupée en morceaux, la purée de tomates, l'hrisa et le poivre rouge. Mouiller avec un demi-litre d'eau et faire cuire sur feu moyen.

A moitié cuisson de la viande, ajoutez les cœurs d'artichauts et laissez mijoter environ vingt à trente minutes. Rectifiez l'assaisonnement si nécessaire et servez chaud.

65 Chakchouka aux petits pois « Saksukit zilbana »

Ingrédients :

150 g de viande en conserve
1 dl d'huile d'olive
1 kg de petits pois frais
1 oignon
1 cuillerée à soupe de purée de tomates
1/2 cuillerée à soupe d'hrisa
1/2 cuillerée à soupe de poivre rouge
Sel

Même préparation que la « Chakchouka aux artichauts ».

Remplacez les fonds d'artichauts par les petits pois frais écossés.

66 Chakchouka aux fèves et petits pois « Saksukit zilbana w ful »

Ingrédients :

150 g de viande en conserve
1 dl d'huile d'olive
500 g de petits pois frais
500 g de fèves vertes
2 oignons
1 cuillerée à soupe de purée de tomates
1/2 cuillerée à soupe d'hrisa
1/2 cuillerée à soupe de poivre rouge
Sel

Même préparation que pour la recette nº 65 avec fèves vertes et petits pois frais à écosser.

67 *Chakchouka à la courge « Saksukit qra »*

Ingrédients :

100 g de viande en conserve (quaddid)
1 dl d'huile d'olive
500 g de courge
250 g de tomates fraîches
100 g de piments frais
4 oignons
1 cuillerée à soupe d'hrisa
1/2 cuillerée à soupe de poivre rouge
Sel

Epluchez, émincez les oignons. Dans une cocotte, les faire revenir dans l'huile, puis ajouter les morceaux de quaddid, les tomates, les piments épépinés et coupés en lamelles, le poivre rouge et l'hrisa. Mouiller avec un demi-litre d'eau et faire cuire sur feu moyen.

Pendant ce temps, épluchez et coupez la courge en morceaux. Lorsque la viande est à moitié cuite, ajoutez la courge dans la cocotte et dès qu'elle devient tendre, retirer la cocotte du feu. Dressez sur plat de service et servez chaud.

68 *Chakchouka aux carottes « Saksukit sfinnariya »*

Ingrédients :

150 g de viande en conserve (quaddid)
1 dl d'huile d'olive
500 g de carottes
2 oignons
1 cuillerée à soupe de purée de tomates
1/2 cuillerée à soupe de poivre rouge
1/2 cuillerée à soupe d'hrisa
Sel

Dans une cocotte, mettez l'huile à chauffer. Coupez le quaddid en morceaux et le déposer dans la cocotte avec la graisse de conserve. Puis ajoutez les oignons épluchés et coupés en morceaux. Laissez cuire quelques minutes avant d'ajouter la purée de tomates, l'hrisa, et le poivre rouge. Mouiller avec un demi-litre d'eau et continuez la cuisson.

Pendant ce temps grattez les carottes et coupez-les en rondelles. Lorsque le quaddid est à moitié cuit, ajoutez les carottes, vérifier l'assaisonnement et laissez cuire jusqu'à ce que les carottes soient tendres. Retirer alors du feu, dressez sur plat de service et servez bien chaud.

69 Chakchouka aux choux-fleurs « Saksukit bruklu »

Ingrédients :

4 œufs
2 dl 1/2 d'huile d'olive
1 kg de chou-fleur
6 cuillerées à soupe de farine
2 oignons
3 à 4 gousses d'ail
1/2 cuillerée à soupe de purée de tomates
1/2 cuillerée à soupe d'hrisa
1 cuillerée à soupe de poivre rouge
Sel

Lavez le chou-fleur et le débiter en petits bouquets. D'autre part, battre les œufs en omelette et préparer une assiette dans laquelle vous versez la farine.

Prendre un à un les bouquets de chou-fleur, les tremper dans l'œuf battu, puis les enrober de farine et les faire dorer dans l'huile. Bien les égoutter dans une passoire.

Passez au tamis l'huile de friture et la verser dans une cocotte. Portez la cocotte sur le feu et faire revenir dans cette huile les oignons épluchés et coupés en morceaux. Ajoutez la purée de tomates, l'hrisa, le poivre rouge et les gousses d'ail émincées. Mouillez avec un demi-litre d'eau, salez. Laissez mijoter quelques minutes. Ajoutez délicatement les bouquets de chou-fleur frits et continuez la cuisson pendant encore trente minutes sur feu doux.

Dressez sur le plat de service et servez bien chaud.

70 Tbikha à la courge rouge « Tbihit qra »

Ingrédients :

500 g de courge rouge
250 g de tomates fraîches
150 g de piments frais
2 oignons
100 g de pois chiches (à faire tremper la veille)
100 g de fèves sèches (à faire tremper la veille)
Un bouquet de persil
2 dl d'huile d'olive
1/2 cuillerée à soupe d'hrisa
1/2 cuillerée à soupe de poivre rouge
Sel

Après avoir épluché et coupé en morceaux les oignons, les faire revenir dans une cocotte avec l'huile d'olive.

Ajoutez la purée de tomates, l'hrisa, le poivre rouge, les pois chiches et les fèves. Mouillez avec un demi-litre d'eau et laissez cuire sur feu moyen.

Découpez en dés le morceau de courge après l'avoir pelé et lavé ; épépinez et coupez en morceaux les piments frais.

Dès que les légumes secs sont cuits, ajoutez les dés de courge et les piments, ainsi que le persil. Continuez la cuisson pendant trente minutes sur feu doux et retirez la cocotte du feu.

Dressez sur le plat de service et servez bien chaud.

71 Tbikha aux légumes verts « Tbihit hodra »

Ingrédients :

1 kg de bettes
300 g de cardons
250 g de navets
1 bouquet de persil
3 oignons
100 g de piments frais
150 g de carottes
1 poignée de pois chiches (à faire tremper la veille)
1 poignée de fèves sèches (à faire tremper la veille)
500 g de tomates fraîches
1 dl 1/2 d'huile d'olive
1 cuillerée à soupe d'hrisa
1/2 cuillerée à soupe de poivre rouge
Le jus d'un citron
Sel

Enlevez la peau des fèves sèches et les faire tremper la veille, ainsi que les pois chiches.

Triez les feuilles de bettes, bien les laver, les couper en lamelles et les laisser égoutter.

Parez les pieds de cardons et les couper en tronçons.

Epluchez les carottes, les laver et les couper en quartiers dans le sens de la longueur.

Triez, lavez et hachez fin le persil.

Epluchez les oignons, les couper en morceaux et, dans une cocotte, les faire revenir dans l'huile. Ajoutez la purée de tomates, l'hrisa, le poivre rouge, le sel et laissez chauffer quelques minutes.

Mettre ensuite dans la cocotte les fèves, les pois chiches et les autres légumes. Mouillez avec un demi-litre d'eau et laissez cuire. Lorsque les légumes sont à moitié cuits, ajoutez les piments frais. S'il le faut, ajoutez un peu d'eau chaude pour que la tbikha n'attache pas au cours de la cuisson. Vérifiez l'assaisonnement et dès que les légumes secs sont parfaitement cuits, arrosez avec un jus de citron et servez bien chaud.

LA AIJJA

72 Aijja au hareng fumé « Lzza bi ringa »

Ingrédients :

100 g de hareng fumé
4 œufs
1 dl d'huile d'olive
250 g de piments frais
500 g de tomates fraîches
1 cuillerée à soupe d'hrisa
3 à 4 gousses d'ail
1/2 cuillerée à soupe de graines de carvi
1/2 cuillerée à soupe de poivre rouge
Sel

Faire chauffer un gril et y déposer le hareng tel quel.

Lorsqu'il est cuit, le peler, l'étêter, ôter queue et arêtes et émietter la chair.

Dans une sauteuse, mettre l'huile à chauffer. Ajoutez les tomates après les avoir lavées et coupées en morceaux (vous pouvez également les réduire avant en purée), l'hrisa, le poivre rouge, les gousses d'ail épluchées et émincées et les graines de carvi pilées. Mettre ensuite les miettes de hareng et arrosez le tout d'un verre d'eau.

Laissez cuire quelques minutes et ajoutez les piments épépinés et coupés en morceaux. Continuez la cuisson sur feu doux une vingtaine de minutes. Vérifiez l'assaisonnement et cassez un à un les œufs sur la préparation. Laissez prendre le blanc et servez chaud.

73 *Aijja à la viande séchée et aux merguez « Lzza bi tmatim wil filfil »*

Ingrédients :

100 g de viande séchée (quaddid)
4 merguez
4 œufs
1 dl d'huile d'olive
500 g de tomates fraîches
250 g de piments frais
1 cuillerée à soupe d'hrisa
3 à 4 gousses d'ail
1/2 cuillerée à soupe de graines de carvi
1/2 cuillerée à soupe de poivre rouge
Sel

Coupez la viande en morceaux. Mettre l'huile à chauffer dans une sauteuse et faire très légèrement revenir quaddid et merguez. Ajoutez les tomates fraîches lavées et coupées en morceaux, l'hrisa, le poivre rouge et les graines de carvi pilées en même temps que l'ail. Mouillez avec un verre d'eau et laisser cuire sur feu doux.

A moitié cuisson, ajoutez les piments frais épépinés et coupés en morceaux.

Au bout d'une vingtaine de minutes, vérifiez l'assaisonnement et cassez un à un les œufs sur le dessus de la préparation.

Servez bien chaud.

74 *Aijja aux boulettes de viande « Lzza bil k'abar »*

Ingrédients :

200 g de viande désossée
4 œufs
1 dl d'huile d'olive
2 cuillerées à soupe de purée de tomates
1 cuillerée à soupe d'hrisa
1/2 cuillerée à soupe de poivre noir
1/2 cuillerée à soupe de tabil
3 à 4 gousses d'ail
1/2 cuillerée à soupe de graines de carvi
1/2 cuillerée à soupe de poivre rouge
1 poignée de feuilles de menthe séchées
Sel

Hacher la viande et l'assaisonner avec sel fin, tabil moulu, poivre noir et les feuilles de menthe séchées et pulvérisées. Bien mélanger ce hachis et former des boulettes.

Faire chauffer l'huile dans une poêle et y faire frire les boulettes de tous côtés. Les égoutter et les garder en attente.

Dans une sauteuse, faire chauffer le reste d'huile, ajoutez la purée de tomates, l'hrisa, le poivre rouge et les graines de carvi triées et pilées en même temps que l'ail préalablement épluché. Mouillez avec un verre d'eau et laisser cuire quelques minutes. Ajoutez les boulettes, cassez les œufs un à un, salez si nécessaire et laissez mijoter à nouveau un petit quart d'heure.

Servir bien chaud.

75 Aijja aux saucisses fraîches de mouton « Lzza bil mirgaz »

Ingrédients :

250 g de saucisses fraîches de mouton
4 œufs
1 dl d'huile d'olive
500 g de tomates fraîches
100 g de piments frais
1 cuillerée à soupe d'hrisa
3 à 4 gousses d'ail
1/2 cuillerée à soupe de graines de carvi
1/2 cuillerée à soupe de poivre rouge
Sel

Dans une sauteuse, mettre l'huile à chauffer. Faire légèrement revenir les saucisses et continuer la préparation de cette âijja comme dans les recettes précédentes.

76 *Aijja aux pommes de terre « Lzza bil batata »*

Ingrédients :

100 g de viande séchée (quaddid)
4 merguez
4 œufs
1 dl d'huile d'olive
250 g de pommes de terre
1 cuillerée à soupe de purée de tomates
1 cuillerée à soupe d'hrisa
3 à 4 gousses d'ail
1/2 cuillerée à soupe de graines de carvi
Sel

Dans une sauteuse, mettre l'huile à chauffer. Faire légèrement revenir la viande et les saucisses et ajoutez la purée de tomates, l'hrisa, les graines de carvi triées et pilées en même temps que les gousses d'ail préalablement épluchées. Mouillez avec un demi-litre d'eau et laissez cuire sur feu doux.

A moitié cuisson, ajoutez les pommes de terre pelées, lavées et coupées en quartiers ou en petits dés.

Dès que les pommes de terre sont cuites, vérifiez l'assaisonnement, cassez les œufs un à un sur le dessus de la âijja et servez bien chaud.

77 *Aijja à la cervelle de mouton « Lzza bil mokh »*

Ingrédients :

100 g de cervelle de mouton
4 œufs
1 dl d'huile d'olive
250 g de tomates fraîches
250 g de poivrons doux
1 cuillerée à soupe d'hrisa
3 à 4 gousses d'ail
1/2 cuillerée à soupe de graines de carvi
1/2 cuillerée à soupe de poivre rouge
Sel

Lavez soigneusement la cervelle dans de l'eau légèrement vinaigrée, la rincer et la faire cuire à l'eau salée cinq à six minutes. L'égoutter, ôter la peau qui la recouvre et la découper en petits dés.

Dans une sauteuse, mettre l'huile à chauffer et y verser les tomates coupées en morceaux, l'hrisa, le poivre rouge, les graines de carvi triées et pilées en même temps que l'ail préalablement épluché. Mouillez avec un verre d'eau et laisser mijoter quelques minutes. Salez suivant goût. Lavez, épépinez et coupez en morceaux les poivrons, les mettre dans la sauteuse ainsi que les morceaux de cervelle. Laissez réchauffer, puis cassez les œufs un à un au-dessus. Continuez la cuisson à feu doux pendant une vingtaine de minutes et servez aussitôt.

78 Aijja aux abattis de poulet « Lzza bi dzaz »

Se prépare comme la « âijja à la viande séchée » (recette nº 73), celle-ci étant remplacée par des abattis de poulet.

79 Aijja aux graines de cumin « Stitha »

Se prépare comme la « âijja aux pommes de terre » (recette nº 76), remplacer les graines de carvi par des graines de cumin.

Les Escargots

Ce sont des escargots genre « petits gris » que l'on savoure baignant dans une sauce piquante ; ils feront le régal de ceux qui aiment les plats très relevés.

– pour 5 à 6 kg d'escargots :

Ustensiles :

1 grande bassine
1 grande marmite
1 grand plat creux de service

Ingrédients :

2 cuillerées à soupe de grains d'anis vert
2 cuillerées et demie à soupe de carvis
6 cuillerées à soupe de thym
1 cuillerée à soupe et demie de piment doux
1 cuillerée à café de thé vert
3 morceaux de racine de réglisse
2 branches d'absinthe
6 branches de menthe
L'écorce d'une orange amère
L'écorce d'une orange douce
6 ou 7 piments fort non pilés
4 ou 5 grains de gomme arabique pilée
Sel

Laver les escargots à grande eau dans la bassine, après y avoir jeté une grosse poignée de sel. Recommencer ce lavage salé au moins quatre fois, en frottant bien les escargots entre eux. Puis laver à nouveau les escargots à l'eau claire jusqu'à ce que l'eau de rinçage devienne tout à fait limpide. Retirer les escargots et les laisser bien égoutter.

Verser six à sept litres d'eau dans la marmite. Porter le liquide à ébullition. Ajouter alors, le sel, toutes les épices non pilées et les herbes aromatiques. Bien mélanger et laisser bouillir pendant quelques minutes ; jeter les escargots dans ce bouillon parfumé.

Laisser cuire pendant une heure et demie à deux heures.

Prélever un escargot pour vérifier la cuisson : si vous le retirez facilement de la coquille et que sa chair n'est plus caoutchouteuse, il est à point.

Retirer du feu et verser, dans un grand plat creux de service, les escargots baignant dans leur bouillon.

Se dégustent chauds ou tièdes, suivant goût.

Les Poissons

Les poissons les plus souvent préparés dans la cuisine marocaine sont : le mulet, le pageot, le merlan, le sarre et l'alose.

Mais, bien entendu, tous les poissons peuvent être cuisinés de la même façon : frits, cuits au four, mijotés à la tomate ou mqualli en tajine.

Toutefois, dans la cuisine marocaine, et quel que soit le mode de préparation, tous les poissons doivent mariner quelques heures dans une base d'assaisonnement ou marinade appelée « Chermoula ».

81 *Chermoula (ou marinade de poissons)*

– Pour environ 3 à 4 kg de poissons

Ustensiles :

1 mortier (mehraz)
ou
1 mixer
1 grand plat creux

Ingrédients :

1 gros bouquet de coriandre
3 ou 4 gousses d'ail
1 verre à thé d'eau
1 cuillerée à soupe de cumin
3 cuillerées à soupe de piment doux
1/2 cuillerée à café de piment fort, pilé
3 cuillerées à soupe d'huile
Sel

Equeuter, rincer et piler un gros bouquet de coriandre dans le mortier ou, additionné d'un verre à thé d'eau, dans le mixer, en ajoutant l'ail préalablement écrasé et le sel (suivant goût). Ajouter le piment doux, le cumin, le piment fort pilé ainsi que les trois cuillerées d'huile.

Bien mélanger le tout et, dans un grand plat creux faire mariner le poisson pendant quelques heures.

S'il s'agit d'une alose, ajouter à cette marinade un demi-verre à thé de vinaigre.

POISSONS GRILLES – POISSONS FRITS

82 *Maquereaux grillés (Gzal piswi)*

Ustensiles :

1 gril
1 plat de service

Ingrédients :

500 g de petits maquereaux
2 cuillerées à soupe d'huile d'olive
1 citron
1 bouquet de persil
1/2 cuillerée à café de poivre noir moulu
Sel

Choisir des petits maquereaux bien frais. Les étêter, les nettoyer. Les inciser pour les vider et retirer l'arête centrale. Les assaisonner avec sel fin et poivre noir, les badigeonner légèrement d'huile d'olive.

Les placer un à un sur le gril préalablement chauffé et les faire griller sur les deux faces.

Les disposer sur le plat de service ; arroser avec le jus de citron et saupoudrer de persil haché.

Servir très chaud.

83 Merlans grillés « Nazalli miswi »

Ustensiles :

1 gril
1 plat de service

Ingrédients :

500 g de merlans
2 cuillerées à soupe d'huile d'olive
1 citron
1 bouquet de persil
1 petit oignon
1/2 cuillerée à café de poivre noir moulu
Sel

Etêter les merlans, enlever les écailles et les vider en pratiquant une incision ventrale. Les laver soigneusement et les assisonner avec sel et poivre noir moulu. Les laisser reposer quelques instants, puis les enduire légèrement avec l'huile d'olive. Les placer sur le gril préalablement chauffé et les retourner pour qu'ils soient bien grillés sur les deux faces. Les disposer sur le plat de service et les saupoudrer de persil et d'oignon très finement hachés. Les arroser copieusement de jus de citron et servir très chaud.

84 Rougets de roche grillés « Trilya miswiya »

Ustensiles :

1 gril
1 plat de service

Ingrédients :

500 g de rougets de roche (ou rougets barbets)
1 cuillerée à soupe d'huile d'olive
1 citron
1 petit bouquet de persil
1 petit oignon
1/2 cuillerée à café de poivre noir moulu
Sel

Choisir de beaux rougets de roche bien frais. Les écailler, les vider, les laver et bien les essuyer. Les assaisonner avec le poivre noir moulu et le sel. Les laisser de côté un moment.

Les enduire légèrement d'huile d'olive et les faire griller sur un gril simple préalablement chauffé (ou entre les éléments d'un gril double à charnières) à feu modéré pendant quelques minutes sur chaque face.

Les disposer sur le plat de service et les saupoudrer avec persil et oignon hachés finement. Arroser avec le jus de citron et servir très chaud.

85 Rougets frits « Trilya moquliya »

Ustensiles :

1 poêle pour friture
1 plat de service

Ingrédients :

750 g de rougets
1 dl 1/2 d'huile
750 g de pommes de terre
Quelques gousses d'ail sec
50 g de farine
1/2 cuillerée à soupe de graines de cumin
Sel

Ecailler les rougets, les vider, les laver, les parer et les essuyer. Les assaisonner de sel fin et d'un mélange d'ail sec et de graines de cumin pilés. Les enrober de farine et les faire cuire sur les deux faces dans l'huile bouillante.

Les réserver au chaud dans le plat de service.

Faire sauter les pommes de terre coupées en morceaux dans le reste d'huile de friture.

Servir les rougets bien chauds accompagnés de pommes de terre sautées.

86 Alose frite

Ustensiles :

1 poêle pour friture
1 grand plat de service

Ingrédients :

1 alose de 3 kg minimum
1 bol de farine
Chermoula (marinade)
Sel

Nous vous conseillons de choisir une alose femelle, plus fine et plus appréciée pour la saveur de ses œufs.

Ecailler, vider le poisson en prenant grand soin de ne pas écraser les œufs. Couper la tête et la queue et partager l'alose dans le sens de la longueur. Couper alors ces deux moitiés en tranches de 5 à 6 cm de large. Lavez-les plusieurs fois dans de l'eau salée, rincer soigneusement et laisser bien égoutter.

Faire alors mariner ces tranches dans la « chermoula » (voir recette nº 81) pendant plusieurs heures. Une fois bien marinées, les retirer et les rouler dans la farine. Rouler également dans la farine les œufs du poisson.

Je vous conseille de conserver la chermoula restante qui vous servira à faire des beignets.

Verser l'huile dans la poêle ; lorsqu'elle est bouillante frire les tranches d'alose en abaissant le feu (température moyenne) de façon que chacune d'elles soit dorée régulièrement sur chaque face.

Suivant le goût, se mange chaud ou froid.

87 Soles frites « Mdas moqli »

Ustensiels :

1 poêle pour friture
1 plat de service

Ingrédients :

750 g de soles
2 œufs
1 dl 1/2 d'huile d'olive
750 g de pommes de terre
4 cuillerées à soupe de farine
1/2 cuillerée à café de poivre noir moulu
Sel

Gratter les soles pour les écailler ou, mieux, les dépouiller. Les ébarber, les vider, les parer, les laver soigneusement. Bien les essuyer. Les assaisonner avec poivre noir moulu et sel. Battre les œufs comme pour une omelette. Enduire les soles puis les enrober de farine. Les faire frire dans l'huile d'olive très chaude.

Servir les soles aussitôt cuites, accompagnées de pommes de terre sautées.

LES POISSONS SAUTES

88 Anguilles sautées (Hansa moqliya »

Ustensiles :

1 poêle pour friture
1 plat de service

Ingrédients :

750 g d'anguilles
1 dl 1/2 d'huile d'olive
500 g de pommes de terre
3 ou 4 gousses d'ail sec
1/2 cuillerée à soupe de graines de cumin
Sel

Acheter des anguilles encore vivantes. Les laver soigneusement, les dépouiller, les couper en tronçons et assaisonner ces derniers avec sel, graines de cumin et ail pilés.

Faire chauffer dans la poêle l'huile d'olive et y jeter les morceaux d'anguilles. Bien les faire dorer.

Peler les pommes de terre, les couper en tranches ou en bâtonnets, les saler et les faire cuire dans le reste de l'huile.

Servir très chaud les anguilles accompagnées des pommes de terre sautées.

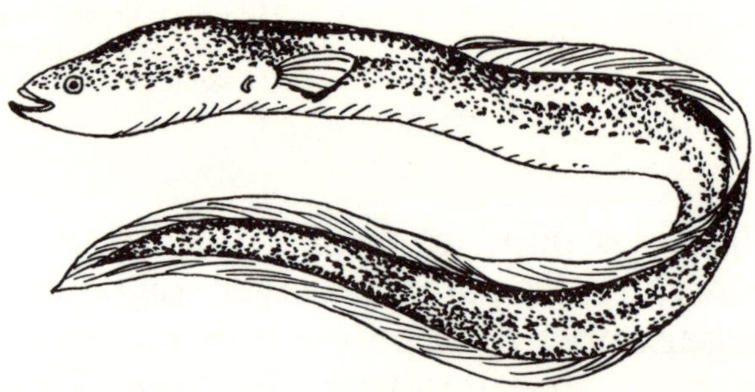

AIJJA AUX MERGUEZ

Voici une préparation simple,
agréable au goût et à l'oeil.

POISSON EN TAJINE MQUALLỊ

Ne pas oublier de placer
à la base du tajine de petits morceaux de roseau,
pour que le poisson soit isolé du fond.

89 *Daurade commune sautée « Morzan moqli »*

Ustensiles :

1 poêle à friture
1 plat de service

Ingrédients :

750 g de daurade commune
1 dl 1/2 d'huile d'olive
500 g de pommes de terre
3 ou 4 gousses d'ail
1/2 cuillerée à soupe de graines de cumin
Sel

Ecailler délicatement les daurades pour ne pas abîmer la chair. Les parer, les vider par une incision ventrale. Les laver soigneusement, les essuyer et les ciseler. Les assaisonner intérieurement et extérieurement avec le mélange de graines de cumin et d'ail écrasés. Saler.

Dans la poêle faire sauter les daurades sur les deux faces dans l'huile d'olive bouillante. Bien les égoutter et conserver au chaud.

Peler les pommes de terre, les couper en tranches, les saupoudrer de sel fin (suivant goût) et les cuire dans le reste d'huile.

Servir très chaud les daurades accompagnées des pommes de terre sautées.

90 *Mulet sauté « Buri moqli »*

Ustensiles :

1 poêle pour friture
1 plat de service

Ingrédients :

750 g de mulet
1 dl 1/2 d'huile d'olive
750 g de pommes de terre
3 ou 4 gousses d'ail
1/2 cuillerée à soupe de graines de cumin
Sel

Ecailler le mulet, le vider, le parer, le laver et bien l'essuyer. Le couper en tranches et frotter celles-ci de sel fin et d'un mélange de graines de cumin et d'ail pilés.

Dans la poêle faire frire ces tranches, sur les deux faces, dans la friture d'huile d'olive.

Servir très chaud avec les pommes de terre coupées en tranches et mises à frire dans le reste d'huile.

91 Ragoût de poissons

Ustensiles :

1 cocotte
1 plat de service

Ingrédients :

750 g de poissons
1 dl d'huile d'olive
2 oignons
1 gros bouquet de persil
1 citron
1 cuillerée à soupe de purée de tomates
1 l d'eau
1/2 cuillerée à soupe de purée de tomates
1/2 cuillerée à soupe d'hrisa
3 ou 4 gousses d'ail
1/2 cuillerée à café de poivre rouge
1/2 cuillerée à café de poivre noir moulu
1/2 cuillerée à soupe de tabil
1 poignée de feuilles de menthe séchées
Citron
Sel

Faire chauffer l'huile dans la cocotte ; y faire roussir les oignons épluchés et coupés en morceaux. Eplucher l'ail, l'émincer et l'ajouter dans la cocotte avec la purée de tomates, l'hrisa délayée dans un peu d'eau, le poivre noir, le tabil moulu, le poivre rouge, le persil haché, les feuilles de menthe pulvérisées et une petite cuillerée de gros sel.

Recouvrir avec un litre d'eau et laisser bouillir un moment.

– S'il s'agit de petits poissons, les écailler, les étêter, les vider complètement et les mettre à cuire entiers dans la préparation ci-dessus.

– Si les poissons sont plus gros, après les avoir écaillés, vidés, étêtés et lavés, les couper en tranches avant de les faire cuire.

Vérifier le sel et servir très chaud, arrosé de jus de citron.

92 *Poissons à la tomate*

– Merlans, pageots, mulets, etc.

Ustensiles :

1 marmite ou
1 cocotte
1 tajine ou
1 plat creux de service

Ingrédients :

2 kg de poissons (entiers ou en tranches suivant leur taille)
Chermoula (marinade)
2,500 kg de tomates
1 cuillerée à café de gingembre
1 cuillerée à moka de safran
1/2 cuillerée à café de piment fort pilé
1 gousse d'ail écrasée
4 cuillerées de chermoula
1 louche aux 3/4 pleine d'huile d'arachide
1 citron confit
6 ou 7 olives
1 poignée de persil haché
Sel

Dans la « chermoula » (voir recette nº 81) faire mariner le poisson pendant quelques heures.

Laver, éplucher, épépiner et couper en morceaux les tomates. Les mettre dans la marmite et faire cuire à feu moyen en remuant de façon que les tomates n'attachent pas.

Après totale évaporation de l'eau, les tomates sont ainsi réduites en purée. Ajouter alors le persil haché, l'écorce de citron confit coupée en morceaux, puis les olives. Faire cuire à nouveau pendant quelques minutes tout en remuant.

Dans un tajine, disposer dans le fond quelques petits bouts de roseaux coupés en quatre dans le sens de la longueur. Poser le poisson sur ces roseaux et verser dessus le restant de chermoula et la purée de tomates. Décorer d'olives et de citrons confits. Couvrir le tajine et laisser mijoter durant quelques minutes sur la plaque du fourneau. Puis, toujours couvert, mettre le tajine au four modérément chaud et laisser à nouveau cuire trois quart d'heure.

Dans le cas où la sauce serait trop liquide, la verser dans une casserole et la faire réduire pour obtenir une sauce bien liée, (si nécessaire, ajouter une cuillerée à café de farine pour la rendre plus onctueuse). Reverser cette sauce dans le tajine et servir chaud ou froid suivant goût.

– Si vous n'avez pas la chance d'avoir un tajine, vous pouvez faire cuire le poisson dans une jolie cocotte pouvant aller sur la table. Mettre alors le poisson dans la cocotte, sur la tomate réduite, en prenant soin de baisser le feu et en retournant le poisson avec précaution pour ne pas l'effriter.

Servir dans la cocotte ou dans un plat de service, le poisson présenté sur le lit de tomates.

93 Seiches aux navets « Liftiya bi subya »

Ustensiles :

1 cocotte
1 plat de service

Ingrédients :

1 kg de seiches
1 dl d'huile d'olive
750 g de navets
250 g de tomates fraîches
100 g de piments frais
1 poignée de pois chiches
1 oignon
1 petit bouquet de persil
1/2 cuillerée à soupe d'hrisa
1/2 cuillerée à café de poivre noir moulu
1/2 cuillerée à soupe de poivre rouge
Sel

Faire tremper les pois chiches (environ deux heures).

Laver les seiches une première fois. Les inciser, les vider, enlever les os et détacher les yeux. Laver une deuxième fois à grande eau. Couper la chair en morceaux, bien l'imprégner de sel fin et de poivre noir moulu. Faire dorer les morceaux de seiches dans l'huile en même temps que l'oignon épluché et coupé menu. Ajouter alors la purée de tomates (que vous aurez préparée à part), l'hrisa, le poivre rouge, le persil haché fin, les pois chiches égouttés. Couvrir d'eau et laisser mijoter à petit feu durant deux heures.

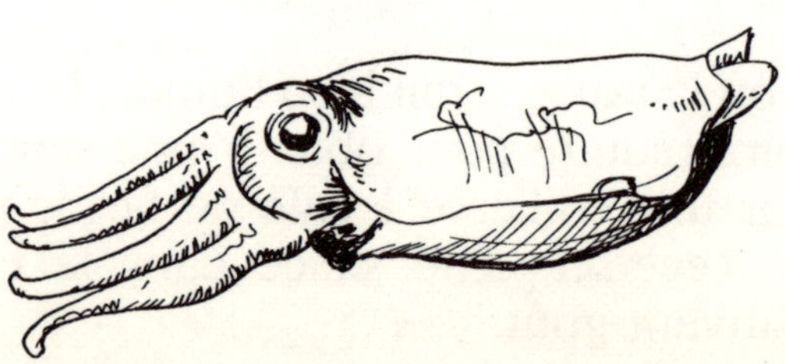

A mi-cuisson, ajouter les navets épluchés, lavés et coupés en morceaux, ainsi que les piments frais. Une fois la chair des seiches bien cuite, rectifier le sel.

Servir très chaud.

94 *Poisson au four*

Ustensiles :

1 plat à four pouvant aller sur la table

Ingrédients :

1 poisson de 3 kg (pageot, daurade, loup, etc.)
Chermoula
1,500 kg de pommes de terre
2 kg de tomates
4 poivrons grillés
2 ou 3 petits poivrons piquants
1 louche 3/4 d'huile d'arachide
1 bouquet de persil
Poivre
Sel

Ecailler, vider, parer et laver le poisson choisi, à l'eau salée. L'entailler légèrement sur le dos (afin de faire pénétrer la marinade) et le faire mariner pendant quelques heures dans la chermoula (voir recette n° 81).

Peler, laver et couper en rondelles les pommes de terre. Les étaler dans le plat à four, ôter le poisson de la marinade et le poser sur ce lit de pommes de terre. Laver et couper en deux les tomates, les épépiner, mais en réservant leur jus. Disposer ces tranches de tomates sur et tout autour du poisson. Ajouter les poivrons grillés coupés en deux dans le sens de la longueur ainsi que les petits poivrons piquants mais laissés entiers. Arroser le tout avec la chermoula restante et le jus des tomates ; ajouter l'huile.

Saupoudrer de sel et de poivre et parsemer de persil finement haché.

Mettre à four modérément chaud pendant une heure et quart, en arrosant de temps en temps le poisson avec son jus.

Lorsque le poisson est cuit, retirer le plat du four et verser le jus dans une casserole pour le faire réduire et obtenir ainsi une sauce onctueuse.

Servir le plat de poisson brûlant, accompagné de la sauce à part.

95 *Poisson en tajin mqualli*

Ustensiles :

1 tajine ou
1 cocotte
1 plat rond de service

Ingrédients :

2 kg de poissons (merlans, pageots, mulets, daurades, sarres ou aloses)
Chermoula

Pour la sauce :

1 cuillerée à café de gingembre
1 bonne pincée de safran
1 louche d'huile d'arachide pleine aux trois quarts
1 cuillerée à soupe de chermoula
1 citron confit coupé en quartiers
7 olives confites

Ecailler, vider, laver les poissons. S'il s'agit de gros poisson, le couper en morceaux. Sinon, laisser les petits poissons entiers (sarres, petits merlans, etc.)

Mettre à mariner dans la chermoula (voir recette n° 81) pendant quelques heures.

Faire la sauce en mélangeant intimement le gingembre, le safran, l'huile et une cuillerée à soupe de chermoula.

Dans le fond du tajine, disposer en croix des petits morceaux de roseaux coupés en quatre dans le sens de la longueur.

Egoutter le poisson et le disposer sur les roseaux pour qu'ainsi il soit isolé du fond et n'attache pas.

Verser la sauce dessus, couvrir le tajine et laisser mijoter doucement sur le coin du fourneau, puis mettre à four doux pendant trente minutes. Retirer, rectifier l'assaisonnement et vérifier la cuisson du poisson.

Si la sauce est trop liquide, laisser réduire à découvert sur feu moyen jusqu'à ce que la sauce devienne onctueuse.

Servir brûlant.

– Si vous ne possédez pas de tajine, vous pouvez préparer ce plat dans une cocotte. Pour cela il faut faire mijoter d'abord la sauce, puis cuire le poisson dans cette sauce en le retournant avec précaution pour qu'il cuise sur les deux faces sans s'effriter.

Réduire la sauce et servir dans un beau plat rond, décoré d'olives et de quartiers de citrons confits.

96 Poisson farci au riz

Ustensiles :

1 plat à gratin allant au four

Ingrédients :

1 pageot de 3 kg
Chermoula
1 kg de tomates
200 g d'olives vertes dénoyautées
2 citrons confits
1 verre à thé plein au 3/4 de riz glacé
200 g de beurre
2 piments piquants (facultatif)

Vider le poisson, le parer, le laver et laisser égoutter. Le mettre à mariner quelques heures dans la chermoula (voir recette n° 81).

Laver, égoutter et faire blanchir le riz trois minutes à l'eau bouillante salée.

Eplucher, épépiner les tomates. Les couper en morceaux, en réservant le jus ; couper les olives et les citrons confits (n'employer que le zeste) en tous petits morceaux.

Mélanger tomates, olives et citrons à la marinade.

Dans la moitié de ce mélange, ajouter le riz blanchi. Réserver l'autre moitié de la marinade.

Inciser le ventre du poisson sorti de la marinade et par cette ouverture, introduire la farce de riz en ajoutant 100 g de beurre non fondu. Recoudre délicatement l'ouverture.

Poser le poisson dans le plat à gratin. Le recouvrir avec les olives, les citrons confits et les tomates restantes.

Parsemer en petits morceaux les 100 g de beurre restants et verser dans le plat le jus de tomates en réserve, ainsi qu'un verre à thé d'eau. Ajouter, suivant goût, les piments piquants entiers.

Mettre à four chaud pendant une heure et quart en arrosant de temps en temps le poisson. Servir dès que la cuisson est terminée.

97 *Poisson frit en beignets à la chermoula*

Ustensiles :

1 poêle à friture
1 plat de service

Ingrédients :

3 kg de poissons
Chermoula

Pâte à beignets :

1 œuf
1 grosse noix de levure de boulanger
1 grand bol de farine
Huile pour friture

Faire mariner les tranches de poisson pendant quelques heures dans la chermoula (recette nº 81).

Préparer la pâte à beignets, afin qu'elle repose le temps de faire cuire le poisson.

Préparation de la pâte à beignets :

Ajouter l'œuf battu à la chermoula, ainsi que la levure de boulanger délayée dans un peu d'eau. Verser petit à petit la farine dans cet appareil, sans cesser de remuer et de mélanger pour obtenir une pâte un peu plus légère que la pâte à beignets courante.

Couvrir cette pâte et la laisser reposer.

Egoutter les tranches de poisson, les rouler dans la farine et les faire frire dans la poêle sur les deux faces.

Une fois que le poisson est frit, le retirer et le réserver au chaud. Changer l'huile dans laquelle il a frit, porter à ébullition l'huile neuve et verser dans la poêle des cuillerées à soupe de pâte, en faisant attention qu'elles ne collent pas entre elles.

Retourner les beignets pour les dorer des deux côtés. Bien les égoutter.

Sur le plat de service, présenter le poisson frit entouré de beignets. Servir très chaud.

Les Volailles

LE POULET

Dans la cuisine marocaine, la volaille et plus particulièrement le poulet doivent être délicatement cuisinés et, le plus souvent, mijotés longuement. Je vous conseille de porter votre choix sur de beaux poulets fermier, bien en chair, d'un poids minimum de trois livres.

Si vous avez ramené du marché un poulet vivant, trempez-le rapidement dans de l'eau très chaude, après qu'il ait été égorgé. Retirez-le et plumez-le vigoureusement. Le vider, en réservant, gésier, cœur et foie (ne pas oublier d'enlever le « fiel »).

Laver le poulet et les abats plusieurs fois à l'eau tiède, les frotter au sel de cuisine et les rincer à nouveau. Dans une bassine contenant de l'eau froide légèrement salée, déposez poulet et abats et laissez reposer au frais quelques heures.

Avant emploi, bien rincer à nouveau à l'eau fraîche.

Procéder de la même façon pour la dinde, les pigeons, etc.

98 Poulet « Mqualli » aux citrons confits

Ustensiles :

1 cocotte
1 mixer ou
1 moulin à légumes
1 plat de service rond

Ingrédients :

2 poulets de 3 livres chacun
2 cuillers à café de gingembre
1 cuiller à moka de safran
3/4 de louche d'huile d'arachide
100 g de beurre
1 cuillerée 1/2 à soupe d'huile d'olive
2 petits oignons
2 gousses d'ail
L'écorce d'un citron confit
1 douzaine d'olives confites
Sel

Dans une cocotte faire fondre l'huile et le beurre ; y placer les poulets entiers ou coupés en morceaux, les abats (réserver la moitié d'un foie), saler, ajouter les oignons entiers, l'ail écrasé, le safran, le gingembre et mouiller avec deux verres et demi d'eau.

Couvrir la cocotte, mettre sur le feu et porter à ébullition. Retourner les poulets, bien remuer pour mélanger intimement les épices ; baisser le feu et laisser cuire doucement. Si la sauce est trop réduite, ajouter un peu d'eau chaude. Retourner de temps en temps les poulets pour qu'ils s'imprègnent bien de la sauce et retirer les oignons dès qu'ils sont cuits. Les réserver.

Quand la chair des poulets se détache facilement si vous la prenez entre les doigts, ajouter les olives et l'écorce du citron confit coupée en quartiers.

Laissez mijoter encore quelques minutes. Vérifier l'assaisonnement.

Ecraser alors au mixer ou au moulin à légumes (grille fine) le demi foie et les oignons mis en réserve. Ajouter ce coulis dans la cocotte, en remuant pour qu'il s'incorpore à la sauce.

Porter à nouveau à ébullition et retirer du feu dès que la sauce vous paraît suffisamment onctueuse.

Sur le plat rond de service disposez les poulets, puis par dessus, les abats, les morceaux de citron confit et les olives.

Mélanger rapidement la sauce en remuant le fond de la cocotte et en recouvrir les poulets.

Servir très chaud.

99 Poulet M'chermel K'dra

Ustensiles :

1 cocotte
1 plat rond de service

Ingrédients :

2 poulets de 3 livres chacun
6 oignons
1 cuillerée à café de poivre
1 cuillerée à moka de safran
250 g de beurre
1 cuillerée à soupe et demie de coriandre et persil hachés
1 cuillerée à café de cumin
2 cuillerées à café de piment doux
1/2 verre à thé de jus de citron
Sel

Couper les poulets en morceaux ou les garder entiers (au choix). Dans la cocotte faire fondre le beurre, y placer poulets et abats. Ajouter les oignons finement râpés, le poivre, le safran et mouiller avec deux verres et demi d'eau. Couvrir la cocotte et mettre à cuire sur feu moyen en retournant de temps en temps les poulets pour qu'ils s'imprègnent bien de la sauce. Si la sauce est trop courte, ajouter un peu d'eau chaude en cours de cuisson.

Quand les poulets sont presque cuits, ajouter le piment doux et le cumin, la coriandre et le persil haché. Bien mélanger à la sauce. Lorsque les poulets sont cuits, ajouter le jus de citron. Laisser mijoter sur feu doux encore quelques minutes, pour que la sauce réduise et devienne onctueuse.

Sur le plat de service dressez les poulets, recouvrez-les avec abats, olives et citron confit et arrosez le tout avec la sauce.

Servir très chaud.

100 Poulet M'chermel tajine

Ustensiles :

1 cocotte
1 plat rond de service

Ingrédients :

2 poulets de 3 livres chacun
6 oignons râpés
2 cuillerées à café de gingembre
1 cuillerée à moka de safran
1 louche d'huile d'arachide
1 cuillerée à café et demie de coriandre et persil hachés
1 cuillerée à café de cumin
1 cuillerée à café et demi de piment doux
1/2 verre à thé de jus de citron
L'écorce d'un citron confit
12 olives confites
Sel

Couper les poulets en morceaux ou les garder entiers. Dans la cocotte mettre les poulets et les abats, arroser d'huile, ajouter les oignons râpés, le safran, le gingembre et mouiller avec deux verres et demi d'eau. Saler, couvrir la cocotte et mettre sur feu moyen. Amenez à ébullition, bien remuer la sauce et retourner de temps à autre les poulets pour qu'ils soient bien imprégnés. Si la sauce est trop courte, ajouter un peu d'eau chaude.

Au trois-quart de la cuisson, ajouter le piment doux et le cumin, la coriandre et le persil hachés, les olives et l'écorce de citron confit coupée en morceaux.

Bien mélanger et, en fin de cuisson, ajouter le jus de citron. Laisser mijoter quelques minutes encore, de manière que la sauce réduise et devienne onctueuse à point.

Sur le plat de service, placer les poulets et les recouvrir des abats, olives et citron confit et arroser le tout avec la sauce.

Servir très chaud.

101 *Poulet M'hammer choua kder*

Ustensiles :

1 cocotte
1 poêle
1 plat de service

Ingrédients :

2 poulets de 3 livres chacun
1 cuillerée à café de poivre
1 cuillerée à moka de safran
2 cuillerées à café de gingembre
3 oignons râpés
1 petit bouquet de coriandre (ficelée)
1 louche d'huile
200 g de beurre
Sel

Dans la cocotte, mettre les poulets entiers avec leurs abats. Couvrir avec deux grands verres et demi d'eau. Saler, ajouter oignon râpé, poivre, safran, gingembre, beurre et le petit bouquet de coriandre (que vous retirerez en fin de cuisson).

Couvrir la cocotte et porter sur feu moyen. Retourner de temps à autre les poulets pour qu'ils s'imprègnent bien de la sauce. Si celle-ci est trop courte, ajoutez un peu d'eau. Lorsque les poulets sont cuits, rectifier l'assaisonnement si nécessaire et laisser réduire la sauce jusqu'à ce qu'elle devienne onctueuse. Retirer du feu.

Vingt-cinq minutes avant de servir, faire chauffer dans la poêle le beurre et l'huile. Oter les poulets de la cocotte et les faire frire de tous côtés dans la poêle jusqu'à ce qu'ils soient dorés.

Sur le plat de service, dresser les poulets.

Réchauffer la sauce en y mélangeant deux cuillerées à soupe de friture. Bien remuer et verser cette sauce sur les poulets frits.

Servir très chaud.

102 *Poulet M'hammer frit au persil*

Ustensiles :

1 cocotte
1 poêle
1 plat de service

Ingrédients :

2 poulets de 3 livres chacun
3 oignons râpés
1 cuillerée à café et demie de poivre
1 cuillerée à moka de safran
200 g de beurre
1 grosse poignée de persil haché
L'écorce d'un citron confit
Le jus d'un citron
Sel

Dans la cocotte, mettre les poulets entiers avec leurs abats, sauf un foie que vous utiliserez plus tard. Couvrir avec deux grands verres et demi d'eau. Saler, ajouter les oignons râpés, le poivre, le safran, le beurre et une cuillerée à soupe de persil haché.

Couvrir la cocotte et porter sur feu moyen. Laisser cuire en retournant de temps en temps les poulets pour qu'ils s'imprègnent bien de la sauce. Si celle-ci est trop courte, ajouter un peu d'eau chaude en cours de cuisson.

Lorsque les poulets sont presque cuits, écraser le foie mis en réserve, au mixer ou au moulin à légumes (grille fine). Délayer cette purée de foie avec un peu de sauce et incorporer ce coulis dans la sauce. A nouveau, ajouter une cuillerée à soupe et demie de persil haché.

Quand les poulets sont tout à fait cuits, ajouter l'écorce du citron confit coupée en fine hâchure, plus le jus de citron. Laisser réduire jusqu'à ce que la sauce devienne onctueuse à souhait. Vérifier l'assaisonnement et retirer du feu.

Vingt-cinq minutes avant de servir, faire chauffer dans la poêle 150 g de beurre et une louche d'huile. Frire les poulets dans cet appareil en les retournant de tous les côtés pour qu'ils soient uniformément dorés.

Dans le plat de service tenu au chaud, dresser les poulets frits et les arroser avec la sauce dans laquelle vous aurez intimement mélangé deux cuillerées à soupe d'huile de friture.

Servir très chaud.

103 Poulet mechoui (grillé sur charbon de bois)

Ustensiles :

1 cocotte
1 brasero avec gril
1 plat de service

Ingrédients :

2 poulets de 3 livres chacun
Mêmes ingrédients que pour le poulet M'hammer, mais en supprimant oignon et coriandre

Mélange pour la grillade :

2 cuillerées à soupe de piment doux
1 cuillerée à café et demie de cumin
1 bonne pincée de piment fort pilé
100 g de beurre fondu
Sel

Faire cuire les poulets comme dans les recettes de « poulet M'hammer ».

Lorsque les poulets sont cuits, les retirer de la cocotte, les laisser refroidir, et les enduire du mélange ci-dessus.

Au moment du repas, faire griller les poulets sur des braises de charbon de bois, jusqu'à ce qu'ils soient bien dorés.

Servir aussitôt.

104 Poulet farci au persil et cuit à la vapeur

Ustensiles :

1 couscoussier
1 plat de service
2 ou 3 petites coupelles

Ingrédients :

2 poulets de 3 livres chacun
1,500 kg de tomates
2 bols pleins à ras bord de persil haché
3 branches de céleri haché
L'écorce d'un citron confit
1 cuillerée à café de piment fort pilé
1 cuillerée à café de poivre
2 noix de beurre
Cumin
Sel

Pelez, épépinez et coupez en morceaux les tomates, choisies bien mûres. Hacher fin le persil, le céleri et l'écorce de citron confit. Mélanger ce hachis à la tomate, saler, poivrer et ajouter le piment fort pilé.

Après avoir vidés et préparés les poulets, introduire la farce dont il vient d'être question à l'intérieur de chacune des volailles, en y ajoutant une noix de beurre.

Verser dans la marmite à couscous deux à trois litres d'eau. Placer dans le haut du couscoussier les deux poulets farcis, les couvrir d'un linge propre humidifié et fermer le haut du couscoussier avec son couvercle, en le faisant bien joindre pour qu'il n'y ait aucune déperdition de vapeur.

Mettre à cuire sur feu moyen, environ une heure et demie.

Vérifier la cuisson en prélevant, avec les doigts, un peu de chair du poulet. Elle doit se détacher facilement.

Retirer alors du feu.

Dresser les poulets sur le plat de service pré-chauffé et servir en présentant dans de petites coupelles du cumin et du sel mélangés.

105 Poulet farci au riz et cuit à la vapeur

Ustensiles :

1 couscoussier
1 plat de service
2 ou 3 petites coupelles

Ingrédients :

2 poulets de 3 livres chacun
1,500 kg de tomates
1 bouquet de persil haché
3 citrons confits
2 cuillerées à café de poivre
1/2 cuillerée à café de piment fort pilé
2 verres à eau pleins à ras bord de riz glacé
150 g de beurre
Cumin
Sel

Laver le riz à plusieurs eaux et bien l'égoutter. Pelez, épépinez et coupez les tomates en morceaux. Coupez les écorces des citrons confits et les hacher très fin ainsi que le persil. Salez, poivrez et ajoutez le piment fort. Bien mélanger le tout.

Après avoir vidé et préparé les poulets, introduire cette farce composée de riz, tomates, persil, citrons à l'intérieur de chacune des volailles. Ajouter une noix de beurre dans chaque intérieur. Verser dans la marmite à couscous deux à trois litres d'eau. Placer dans le haut du couscoussier les deux poulets farcis, les couvrir d'un linge propre préalablement humidifié et fermer le haut du couscoussier avec son couvercle, en le faisant bien joindre.

Mettre à cuire à feu moyen, environ une heure et demie.

Vérifier la cuisson en prélevant, avec les doigts, un peu de chair du poulet. Elle doit se détacher facilement. Retirer alors du feu.

Sur le plat de service pré-chauffé, dresser les poulets et les servir accompagnés de cumin et de sel mélangés, présentés dans des petites coupelles, à part.

106 Poulet M'chermel frit aux œufs

Ustensiles :

1 cocotte
1 moulin à légumes
1 poêle à friture
1 grand plat de service

Ingrédients :

2 poulets de 3 livres chacun
2 cuillerées à café de poivre
1 cuillerée à café de safran
3 oignons
1 bâton de cannelle
200 g de beurre
2 poignées de persil haché
1/2 verre à thé de jus de citron
10 œufs
4 pommes de terre moyennes
2 louches d'huile
1 cuillerée à café de piment doux
1/2 cuillerée à café de cumin
1 cuillerée à café de cannelle
Sel

Videz, préparez les poulets. Les placer entiers ou coupés en morceaux dans la cocotte, ainsi que leurs abats. Ajoutez les oignons finement râpés, le beurre, la cannelle, le safran ; poivrez et salez. Mouillez avec quatre grands verres d'eau et ajoutez les pommes de terre entières (pelées).

Couvrir la cocotte et mettre à cuire sur feu moyen en retournant de temps à autre les poulets pour qu'ils cuisent de tous côtés. Vérifiez la cuisson des pommes de terre et les enlever de la cocotte dès qu'elles sont à point.

Lorsque les poulets sont cuits (la chair se détache facilement avec les doigts) ajouter une poignée de persil finement haché.

Retirer les poulets de la cocotte et faire réduire la sauce pour qu'elle devienne onctueuse.

Passez les pommes de terre encore chaudes au moulin à légumes pour en faire une purée. Ajouter à celle-ci les œufs battus en omelette, le persil haché (une poignée). Salez et incorporez à ce mélange, la cannelle, le cumin et le piment doux.

Environ une demi-heure avant de passer à table, réchauffer les poulets. Les tenir en attente.

Pendant ce temps, verser dans une poêle deux louches d'huile et le beurre que vous porterez à ébullition. Retirer alors les poulets de la cocotte, les tremper encore chauds dans le mélange d'œufs et de pommes de terre et les faire frire de tous côtés dans la friture bouillante.

Avec le restant de mélange purée-œufs, former des sortes de beignets que vous ferez frire également, dans la même friture. Lorsque poulets et beignets sont bien dorés, dresser sur un plat préalablement tenu au chaud. Réchauffer la sauce, y ajouter le jus de citron, donner un tour de bouillon et en arroser les poulets.

Servir aussitôt.

107 Poulet K'dra aux pois chiches et oignons

Ustensiles :

1 cocotte
1 plat de service

Ingrédients :

2 poulets de 3 livres chacun
1 verre à eau de pois chiches
2 kg d'oignons
1 poignée et demie de persil haché
250 g de beurre
1 cuillerée à moka de safran
1 cuillerée à café et demie de poivre
Sel

Faire tremper les pois chiches la veille, pour les peler le lendemain. Videz, préparez et découpez les poulets en morceaux. Les mettre dans la cocotte avec leurs abats. Ajoutez le beurre, trois oignons finement émincés, les pois chiches pelés, le safran, le poivre et le sel. Couvrir avec deux grands verres d'eau.

Porter sur feu moyen la cocotte couverte. Retourner de temps en temps les poulets et ajouter si nécessaire un peu d'eau en cours de cuisson.

Lorsque les poulets sont cuits, les retirer de la cocotte et les tenir en réserve au chaud.

Emincer le restant des oignons et les ajouter à la sauce, toujours sur feu doux, ainsi que le persil haché. Ajouter une pincée de safran, saler si nécessaire. Bien mélanger la sauce dans la cocotte.

Lorsque les oignons sont cuits, mais encore un peu fermes, retirer du feu.

Un peu avant de servir, replacer les poulets dans leur sauce avec les oignons et faire réchauffer.

Dressez sur le plat de service pré-chauffé : poulets, pois chiches et oignons par-dessus et servir de suite.

– La sauce K'dra doit être moins onctueuse que la sauce mqualli.

108 Poulet K'dra aux amandes et oignons

Ustensiles :

1 cocotte
1 plat de service

Ingrédients :

2 poulets de 3 livres chacun
250 g d'amandes émondées (remplaçant les pois chiches de la recette n° 107)

Même préparation et mêmes ingrédients que pour le « Poulet k'dra aux oignons et aux pois chiches », ces derniers étant remplacés par les amandes émondées.

109 Poulet aux aubergines frites

Ustensiles :

1 cocotte
1 poêle à friture
1 grand plat de service

Ingrédients :

2 poulets de 3 livres chacun
3,500 kg d'aubergines
1 cuillerée à café de gingembre
1 cuiller à moka de safran
1 louche d'huile d'arachide
1 gousse d'ail
1/2 verre à thé de jus de citron (pour le poulet)
1/2 verre de jus de citron (pour les aubergines)
1 cuillerée à café de farine
Sel

Sans les peler, laver les aubergines, enlever les queues, les couper en deux, les mettre à l'eau salée, et les réserver. Eplucher les aubergines dans le sens de la longueur, en laissant des parties de peau de 3 cm environ, à intervalles réguliers. Couper les aubergines en rondelles de 3 cm d'épaisseur, les étaler sur un plat en les saupoudrant de farine au fur et à mesure pour qu'elles ne noircissent pas. Saler.

Dans une poêle verser l'huile ; dès qu'elle est bouillante y faire frire des deux côtés les rondelles d'aubergines. Bien les égoutter et les réserver au chaud.

Après avoir vidé et préparé les poulets, les couper en morceaux. Les placer dans la cocotte avec leurs abats, ajouter huile, safran, ail écrasé et sel. Mouiller avec deux grands verres et demi d'eau. Porter sur feu moyen, la cocotte couverte. Retourner de temps en temps les poulets pour qu'ils cuisent bien de tous côtés. Ajouter un peu d'eau en cours de cuisson, si nécessaire.

Lorsque les poulets sont cuits, les retirer.

Egoutter les queues d'aubergines et les mettre dans la cocotte toujours sur le feu. Si la sauce est un peu réduite, ajouter un peu d'eau. Lorsque ces queues sont cuites, ajouter le demi-verre à thé de jus de citron et une cuillerée à café de farine préalablement diluée dans un peu d'eau, de manière à lier la sauce. Donner un bouillon, rectifier l'assaisonnement et retirer du feu dès que la sauce devient onctueuse.

Mettre l'huile dans la poêle, la faire chauffer et y jeter les rondelles d'aubergines. Les faire revenir en les écrasant, puis, dès qu'elles sont cuites, les égoutter dans une passoire en les pressant pour enlever le surplus d'huile. Remettre à nouveau les aubergines dans la poêle sur feu doux et ajouter alors un demi-verre ou un verre à thé de jus de citron, suivant goût. Bien mélanger l'ensemble.

Faire réchauffer les poulets dans la cocotte, puis les dresser dans le plat de service. Verser la sauce tout autour et recouvrir les poulets avec les aubergines.

Servir aussitôt, très chaud.

110 Poulet M'kaddem ou souiri (aux œufs)

Ustensiles :

1 cocotte
1 tajine

Ingrédients :

2 poulets de 3 livres chacun
1 cuillerée à café et demie de poivre
1 cuillerée à moka de safran
300 g de beurre
3 oignons râpés
1 bâton de cannelle
1 poignée et demie de persil haché
1/2 verre à thé de jus de citron
10 œufs entiers
1 cuillerée à café et demie de cannelle
1 cuillerée à café de poivre
1/2 cuillerée à café de cumin
Sel

Videz, préparez et coupez les poulets en petits morceaux (de la grosseur d'une demi-cuisse de poulet). Placer les morceaux de poulets dans la cocotte, ainsi que les abats. Saler, mouiller de deux grands verres et demi d'eau, ajouter beurre, oignons râpés, bâton de cannelle, poivre et safran. Bien mélanger le tout et porter la cocotte sur feu moyen. Faire cuire en retournant les morceaux de temps en temps. Ajouter un peu d'eau en cours de cuisson, si nécessaire.

Quand les poulets sont cuits, ajouter le persil haché et le jus de citron. Laisser réduire la sauce pour qu'elle devienne onctueuse et retirer le bâton de cannelle.

A part, casser les œufs, les battre entiers, légèrement, en ajoutant sel, poivre, cumin, cannelle en poudre. Mettre en attente.

Environ une demi-heure avant de passer à table, placer les morceaux de poulets dans un tajine en les recouvrant de la moitié de la sauce (réserver l'autre moitié), et les faire réchauffer doucement. Lorsque les poulets sont bien chauds, verser par dessus les œufs battus et saupoudrer d'un peu de piment doux. Mettre le tajine à four chaud pendant environ un quart d'heure. Retirer du four et verser le restant de sauce réchauffée à part.

Servir de suite.

111 Poulet aux carottes

Ustensiles :

1 cocotte
1 plat de service

Ingrédients :

2 poulets de 3 livres chacun
4 kg de carottes
2 louches d'huile
1 cuillerée à café de gingembre
1 cuillerée à moka de safran
2 gousses d'ail écrasées
1 poignée et demie de persil haché
1 verre à thé de jus de citron
15 olives confites
L'écorce de 2 citrons confits
Sel

Grattez, lavez et coupez les carottes en petits dés. Les égoutter.

Videz, préparez et découpez les poulets en morceaux. Placez ces morceaux dans la cocotte ainsi que les abats, ajoutez safran, gingembre, ail écrasé, huile et mouiller avec deux verres et demi d'eau.

Couvrir la cocotte et porter sur feu moyen. Après quelques bouillons, remuer pour bien mélanger les épices et ajouter alors les carottes en dés. Saler en cours de cuisson.

Lorsque les poulets et carottes sont cuits, ajouter les écorces des citrons confits, coupées en quartiers, les olives ainsi que le jus de citron. Laissez réduire la sauce pour qu'elle devienne onctueuse, puis retirez du feu.

Dans le plat de service dresser les morceaux de poulets, recouvrir avec les abats et les carottes et décorer avec olives et citrons confits.

Servir aussitôt, très chaud.

– Dans le cas où les carottes, très tendres, cuiraient plus rapidement que le poulet, les retirer avec une écumoire et continuer à faire cuire la viande dans la sauce. Dès que celle-ci est à point, ajouter les carottes et – alors seulement – le jus de citron, les olives et les écorces de citrons confits.

112 *Poulet au meslalla (olives cassées)*

Ustensiles :

1 dénoyauteur
1 cocotte
1 plat de service

Ingrédients :

2 poulets de 3 livres chacun
2 kg d'olives meslalla
1 cuillerée à café de gingembre
1 cuillerée à moka de safran
2 gousses d'ail écrasées
1 louche d'huile d'arachide
2 cuillerées à soupe de piment doux
1 cuillerée à café de cumin
1 verre à thé de jus de citron
Sel

Dénoyauter les olives. Les faire bouillir deux fois de suite en changeant l'eau dans laquelle elles ont bouilli, chaque fois. Pour le deuxième bouillon, saler l'eau. Bien égoutter les olives en les pressant. Réserver.

Les poulets ayant été vidés et préparés, les découper en morceaux. Dans la cocotte mettre ces morceaux ainsi que les abats, ajouter sel, safran, gingembre, ail écrasé, huile et mouiller avec deux verres et demi d'eau.

Porter la cocotte couverte sur feu moyen et laisser cuire en retournant de temps en temps les morceaux. Ajouter un peu d'eau en cours de cuisson, si nécessaire.

Dès que les morceaux de poulets sont cuits, les retirer et les réserver au chaud.

Laisser la cocotte sur le feu et faire réduire la sauce jusqu'à ce qu'elle devienne onctueuse ; ajouter alors piment doux, cumin et jus de citron. Bien mélanger, ajouter les olives dénoyautées. Donner quelques bouillons, rectifier l'assaisonnement et retirer la cocotte du feu.

Au moment de servir, vous réchaufferez le poulet avec les olives qui sont restées dans la cocotte.

Sur le plat de service pré-chauffé, dressez les morceaux de poulets que vous recouvrirez avec les olives et la sauce.

Servir aussitôt.

113 *Poulet maâmer farci au couscous*

Ustensiles :

1 cocotte
1 plat de service
2 petites assiettes creuses

Ingrédients :

2 poulets d'environ 3 livres chacun
1 bâton de cannelle
3 oignons râpés
200 g de beurre
1 cuillerée à soupe de cannelle
6 cuillerées à soupe de miel épais
Sel

Pour la farce :

4 bols de couscous
1 cuillerée et demie de poivre
1 cuillerée à moka de safran

Videz les poulets, mais en pratiquant une petite ouverture sur la poitrine, dans le sens de la longueur, de manière à retirer le cou sans déchirer la peau. Lavez les poulets comme d'habitude. Bien les égoutter. Gardez les poulets entiers.

A part, mélangez le couscous avec les épices puis introduire cette farce par l'ouverture pratiquée dans chacun des poulets. Recoudre cette ouverture sur la poitrine en ramenant la peau du cou et trousser les poulets.

Dans la cocotte faire fondre le beurre, mettre les poulets, puis ajouter poivre, safran, le bâton de cannelle et les trois oignons râpés. Saler et mouiller avec deux grands verres et demi d'eau.

Couvrir la cocotte et mettre sur feu moyen, en retournant délicatement les poulets de temps en temps et en évitant de trouer la peau. Si nécessaire, ajouter un peu d'eau en cours de cuisson.

Lorsque les poulets sont cuits à point, ajouter cinq cuillerées à soupe de miel et une cuillerée à soupe de cannelle. Bien mélanger et laisser réduire la sauce jusqu'à ce qu'elle devienne onctueuse et les poulets bien dorés.

Dresser sur le plat de service tenu au chaud et présenter deux petites assiettes de couscous de farce, à part.

Servir très chaud.

114 Poulet aux pruneaux et au miel

Ustensiles :

1 cocotte
1 poêle pour friture
1 plat de service

Ingrédients :

2 poulets de 3 livres chacun
650 g de pruneaux
1 cuillerée à soupe de sésame grillé
300 g d'amandes
2 cuillerées à café de poivre
1 cuillerée à moka de safran
1 bâton de cannelle
4 oignons râpés
250 g de beurre
1 cuillerée à café de cannelle
6 cuillerées à soupe de miel épais
Sel

Vider et trousser les poulets. Les mettre dans une cocotte avec leurs abats : saler, poivrer, ajouter le safran, le bâton de cannelle, les oignons râpés et le beurre. Mouiller avec deux grands verres et demi d'eau.

Porter la cocotte couverte sur feu moyen, en retournant les poulets de temps en temps en cours de cuisson. Si nécessaire, ajouter un peu d'eau. Lorsque les poulets sont cuits à point, les retirer du feu et les réserver.

Laver les pruneaux et les verser dans la cocotte que vous avez laissée sur le feu. Faire cuire vingt minutes et ajouter alors le miel et la cannelle. Laisser réduire jusqu'à ce que la sauce devienne mielleuse. Rectifier l'assaisonnement et replacer les poulets dans la cocotte sur le lit de pruneaux. Retirer du feu. A part, émonder les amandes ; les faire frire à l'huile bouillante quelques minutes avant le repas et passer au four les graines de sésame.

Au moment de servir, réchauffer les poulets dans la cocotte mais sans laisser réduire davantage la sauce.

Sur le plat de service, dresser les poulets, placer les pruneaux par-dessus, arroser avec la sauce et décorer avec les amandes frites et les graines de sésame.

Servir aussitôt, bien chaud.

115 Poulet aux tomates et au miel

Ustensiles :

1 cocotte
1 poêle pour friture
1 plat de service

Ingrédients :

2 poulets d'environ 3 livres chacun
4 kg de tomates
400 g de beurre
2 cuillerées à café de poivre
1 cuillerée à moka de safran
3 oignons râpés
8 cuillerées à soupe de miel épais
1 cuillerée à soupe de cannelle
200 g d'amandes
1 cuillerée à soupe de sésame grillé
Sel

Laver, éplucher, épépiner et couper en morceaux les tomates.

Dans la cocotte, mettre les poulets entiers ou coupés en morceaux, ainsi que les abats. Recouvrir avec les morceaux de tomates, saler, ajouter beurre, poivre, safran et oignons râpés. Porter la cocotte couverte sur feu moyen et faire cuire en remuant souvent. Lorsque les poulets sont cuits à point, les retirer de la cocotte et les réserver.

La cocotte toujours sur le feu, faire réduire les tomates jusqu'à évaporation complète de l'eau et réapparition du beurre de cuisson. Il reste alors une sorte de confit de tomates. Remuer très souvent le fond de la cocotte avec une spatule pour que la tomate n'attache pas, laisser revenir quelques instants, puis ajouter le miel et la cannelle. Bien mélanger et remettre les poulets dans la cocotte pour qu'ils s'imprègnent bien de la sauce : les retourner de tous les côtés et retirer le tout du feu.

Quelques minutes avant le repas faire frire les amandes émondées dans l'huile bouillante, et passer les graines de sésame au four.

Sur le plat de service, dresser les poulets réchauffés, les recouvrir de tomates et décorer avec amandes frites et graines de sésame grillées.

Servir aussitôt, très chaud.

116 Dinde M'hammer

Ustensiles :

1 grande cocotte
1 poêle
1 mixer ou 1 moulinette
1 plat de service

Ingrédients :

1 dindonneau de 3 kg environ
1 cuillerée à soupe de piment doux
2 cuillerées à café rases de cumin
3 gousses d'ail écrasées
1 petit oignon entier
300 g de beurre
1 petit bouquet de coriandre
Sel

Videz et lavez la dinde de la même manière que le poulet. La placer dans la cocotte avec ses abats. Saler et ajouter le piment doux, cumin, ail écrasé, oignon, beurre et le petit bouquet de coriandre ficelé (que vous retirerez en fin de cuisson).

Porter la cocotte couverte sur feu moyen. Arroser de temps en temps pour que la sauce s'imprègne bien dans la chair de la dinde. Ajouter un peu d'eau en cours de cuisson, si nécessaire.

Dès que l'oignon est cuit, le retirer et le réserver.

Lorsque la dinde est cuite à point, écraser à la moulinette ou au mixer l'oignon que vous avez réservé, avec un petit morceau de foie de volaille, ajouter un peu de sauce et une cuillerée à café de farine et verser ce mélange dans la cocotte pour bien lier la sauce.

Rectifier l'assaisonnement ; retirer du feu dès que la sauce est devenue onctueuse.

Vingt minutes environ avant de servir, faire chauffer une louche d'huile, plus cent grammes de beurre, dans une poêle et y faire dorer la dinde de tous côtés.

Sur le plat de service tenu au chaud, dresser la dinde.

Réchauffer la sauce, sans la laisser réduire davantage, et y ajouter deux cuillerées à soupe d'huile de friture. Bien mélanger dans la cocotte et verser sur la dinde cette sauce onctueuse.

Servir de suite.

117 Dinde farcie au couscous

Ustensiles :

1 grande cocotte
1 grand plat de service

Ingrédients :

1 dindonneau de 3 kg environ
4 bols de couscous pour la farce
1 cuillerée à café et demie de poivre
1 cuillerée à moka de safran
2 gros oignons râpés
2 bâtons de cannelle
200 g de beurre
5 cuillerées à soupe de miel épais
1 cuillerée à soupe de cannelle
Sel

Choisir un dindonneau très tendre. Le vider en pratiquant une ouverture sous la poitrine, dans le sens de la longueur. Retirer le gésier et enlever le cou sans déchirer la peau. Bien laver à l'eau et au sel, rincer et laisser égoutter. Une fois que la dinde est bien égouttée, introduire à l'intérieur de la bête, par l'ouverture pratiquée et le plus profondément possible, autant de farce à couscous qu'il est nécessaire. Recoudre avec précaution l'ouverture, rabattre la peau du cou, bien la ficeler et trousser la volaille.

Dans une grande cocotte, placer la dinde : saler, poivrer, ajouter le safran, le bâton de cannelle, les oignons râpés. Mouiller avec quatre verres d'eau.

Porter la cocotte couverte sur feu moyen, et retourner délicatement la dinde en cours de cuisson, sans percer sa peau. Si nécessaire, ajouter un peu d'eau.

Quand la dinde est cuite à point, ajouter miel et cannelle mélangés. Laisser réduire la sauce, retirer du feu dès que la dinde est bien dorée et la sauce onctueuse.

Sur un plat pré-chauffé, poser la dinde, verser dessus la sauce et présenter à part deux petites assiettes de couscous pour farce.

Le tout servi très chaud.

118 Pigeonneau grillé sur charbon de bois

Ustensiles :

1 cocotte
1 brasero avec gril
6 brochettes
1 plat de service

Ingrédients :

– pour 6 pigeonneaux

1 cuillerée de piment doux
1/2 cuillerée à café de cumin
75 g de beurre
1 gousse d'ail écrasée
Sel

Dans une cocotte, placer les pigeonneaux. Ajouter beurre, piment doux, cumin, ail et saler. Mouiller avec deux verres d'eau.

Cocotte couverte, porter sur feu moyen.

Quand les pigeonneaux sont cuits, les retirer et laisser réduire la sauce. Enlever la cocotte.

Pour griller les pigeonneaux :

Dans la sauce réduite et refroidie, mélanger :

– 1 cuillerée à café de piment doux
– 1/2 cuillerée à café de cumin

Enduire les pigeonneaux de ce mélange et vingt minutes avant de servir les enfiler dans des broches (mais on peut aussi les poser directement sur le gril). Les griller sur braises de charbon de bois.

Servir très chaud.

119 Pigeonneau K'dra aux amandes

Ustensiles :

1 cocotte
1 plat de service

Ingrédients :

– pour 6 pigeonneaux

1 cuillerée à café de poivre
1/2 cuillerée à moka de safran
150 g d'amandes
1,250 kg d'oignons
125 g de beurre
1 poignée de persil haché
Sel

Laver les pigeonneaux une fois vidés et les mettre, entiers, dans la cocotte. Ajouter sel, poivre, safran, beurre, deux oignons émincés et les amandes émondées. Mouiller avec deux verres d'eau. Couvrir la cocotte et porter sur feu moyen en retournant les pigeonneaux de temps en temps en cours de cuisson.

Lorsque les pigeonneaux sont cuits à point, les retirer du feu un par un en vérifiant s'ils sont bien tendres. Ajouter à la sauce toujours sur le feu, le restant des oignons émincés, le persil haché, une pincée de safran et un peu de sel. Bien mélanger dans la cocotte et lorsque les oignons sont cuits, mais encore fermes, retirer du feu.

Sur le plat de service, dresser les pigeonneaux, les recouvrir avec les amandes et les oignons.

Servir aussitôt.

120 Pigeonneaux farcis au couscous

– pour 12 pigeonneaux :

Ustensiles :

1 cocotte
1 plat de service

Ingrédients :

7 bols de couscous pour farce
2 cuillerées à café de poivre
1 cuillerée à moka de safran
200 g de beurre
4 oignons
1 bâton de cannelle
6 cuillerées à soupe de miel épais
1 cuillerée à soupe rase de cannelle
Sel

Choisir des pigeonneaux ronds et tendres. Les vider en pratiquant une ouverture dans le sens de la longueur, sous la poitrine. En prenant soin de ne pas déchirer la peau, retirez le gésier et le cou. Lavez les pigeons après les avoir roulés dans le sel. Bien les rincer et les égoutter.

Par l'ouverture pratiquée, introduire la farce à couscous à l'intérieur de chaque pigeonneau, sans trop les bourrer pour qu'ils n'éclatent pas en cours de cuisson. Recoudre délicatement l'ouverture et ficeler soigneusement la peau du cou.

Dans une cocotte, mettre le beurre à fondre et y déposer les pigeonneaux. Ajoutez les oignons finement hachés, le safran, le bâton de cannelle, le poivre et le sel. Arrosez avec deux verres et demi d'eau. Couvrez la cocotte et portez sur feu moyen. Retournez délicatement les pigeons en cours de cuisson pour qu'ils dorent de tous côtés. Prendre soin de ne pas perforer leur peau.

Lorsque les pigeons sont cuits, la sauce doit être réduite et onctueuse.

Sur le plat de service tenu au chaud, dressez les pigeonneaux, les arroser de la sauce et présentez dans des petites assiettes un complément de farce pour couscous, réchauffée à part.

Servir aussitôt bien chaud.

121 Lièvre à la mrouzia (plat sucré)

Ustensiles :

1 cocotte
1 plat de service

Ingrédients :

1 beau lièvre
200 g de raisins secs
200 g d'amandes
1 cuillerée à soupe de Ras el Hanout (mélange d'épices)
2 cuillerées à café de poivre
1 cuillerée à moka de safran
3 oignons râpés
200 g de beurre
1 cuillerée à café de cannelle
6 cuillerées à soupe de miel épais
Sel

Dépecez, videz et lavez, à l'eau et au sel, un beau lièvre. Laissez-le bien égoutter.

Mélangez les épices (Ras el Hanout), le poivre, le safran, la cannelle et en enduire entièrement le lièvre.

Lavez les raisins secs, les égoutter et y mélanger le restant d'épices. Réserver.

Dans la cocotte, faire fondre le beurre. Y poser le lièvre et ajouter les amandes émondées et les oignons râpés. Saler et couvrir d'eau.

Portez la cocotte couverte sur feu moyen, en retournant le lièvre de temps en temps. Une fois que celui-ci est cuit à point, le retirer. Laisser la cocotte sur le feu et ajouter dans la sauce les raisins secs et le miel. Laisser réduire doucement jusqu'à ce que la sauce devienne onctueuse. Remettre le lièvre à mijoter encore cinq bonnes minutes pour que la chair s'imprègne bien de la sauce.

Sur le plat de service, dressez le lièvre arrosé et servir très chaud.

122 Lièvre M'hammer

Ustensiles :

1 cocotte
1 grande poêle à friture
1 plat de service

Ingrédients :

1 beau lièvre
1/2 cuillerée à café de piment fort
2 cuillerées à café de cumin
3 gousses d'ail écrasées
200 g de beurre
2 cuillerées à café de farine
Sel

Dépecez, videz et lavez le lièvre à l'eau et au sel. Laissez-le bien égoutter.

POULET MQUALLI AUX CITRONS CONFITS

La sauce a, dans cette recette,
une grande importance.
Elle donne au poulet coupé en morceaux
une onctuosité particulière.

PIGEONNEAUX K'DRA AUX AMANDES

Choisir des pigeonneaux bien tendres,
et vérifier leur cuisson un à un
lorsque vous les retirerez du feu.
Ne pas oublier le safran, pour donner une jolie couleur.

Dans la cocotte faire fondre le beurre, y poser le lièvre, ajouter cumin, piment doux, un peu de piment fort, les gousses d'ail écrasées. Saler et recouvrir d'eau.

Porter la cocotte couverte sur feu moyen et laisser cuire, en retournant de temps en temps le lièvre pour qu'il s'imprègne bien de la sauce. Lorsque la chair du lièvre est bien tendre, le retirer de la cocotte. Laisser celle-ci sur le feu et ajouter à la sauce une cuillerée de farine (préalablement délayée dans un peu d'eau). Remuer vivement et laisser réduire doucement la sauce jusqu'à ce qu'elle devienne onctueuse.

Environ vingt minutes avant le repas, faire chauffer dans une grande poêle une demi-louche d'huile et 150 g de beurre.

Dans cette friture faire dorer le lièvre de tous côtés.

Sur le plat de service tenu au chaud, dressez le lièvre. Réchauffez la sauce en y ajoutant trois cuillerées d'huile de la friture ; bien mélanger.

Verser toute cette sauce sur le lièvre et servir aussitôt, très chaud.

Les Viandes

LES BROCHETTES

Pour réussir d'excellentes brochettes, il est absolument indispensable que le charbon de bois soit allumé dans le brasero une bonne demi-heure à l'avance, de façon que la cuisson s'effectue sur les braises qui se consument.

Si vous procédez ainsi les brochettes seront parfaitement grillées.

123 Kefta

(brochettes de viande hachée)

– pour environ 20 brochettes

Ustensiles :

1 brasero
20 brochettes

Ingrédients :

500 g de viande de bœuf ou de mouton désossée
150 g de graisse de bœuf ou de mouton
2 cuillerées à café de cumin
3 cuillerées à café de piment doux
1 pincée de felfla soudania (piment fort pilé)
2 gros bouquets de persil
1 gros bouquet de coriandre
2 oignons
Sel

Equeuter et laver soigneusement persil et coriandre : laisser égoutter.

Couper la viande de bœuf ou de mouton en morceaux et la hacher. La réserver.

Couper ensuite la graisse de bœuf ou de mouton, la mélanger aux morceaux de viande, ajouter persil, coriandre, oignons, cumin, piment doux et piment fort ; saler et hacher tout ce mélange une deuxième fois.

Pétrir fortement ce hachis avec les mains et le laisser reposer environ une heure.

Avec la main légèrement mouillée, prendre environ la valeur d'un œuf de poule de ce hachis pour en enrober la broche en lui donnant la forme d'une petite saucisse de 12 cm. Bien faire adhérer cette petite saucisse (kefta) aux deux extrémités pour qu'elle ne tourne pas autour de la broche en cours de cuisson.

Recommencer l'opération pour chacune des brochettes.

Sur les braises se consumant faire griller les brochettes en retournant souvent pour qu'elles ne se dessèchent pas.

Servir aussitôt accompagnées de thé à la menthe.

124 Boulfaf (brochettes de foie)

– pour environ 20 brochettes

Ustensiles :

1 brasero
20 brochettes

Ingrédients :

1 kg de foie de mouton ou de veau
La toile ou la crépine d'un mouton
3 cuillerées à café de cumin
4 cuillerées à café de piment doux
Piment fort pilé (suivant goût)
Sel

Retirer la peau qui recouvre le foie. Le couper en tranches de 4 cm d'épaisseur et le saisir de tous côtés sur le gril du braséro allumé.

Le recouper alors en petits morceaux cubiques de 2 cm de côté. Faire un mélange avec sel, cumin, piment doux et piment fort et assaisonner les morceaux de foie avec la moitié seulement de ces épices.

Bien laver la crépine, la faire égoutter et la saupoudrer ensuite avec le restant des épices. Couper alors la crépine en petits rectangles de 2 sur 6 cm.

Enrober chaque morceau de foie d'un rectangle de crépine. Enfiler sur les brochettes à raison de six à sept morceaux et mettre à griller sur les braises d'un bon feu de charbon de bois.

Servir bien chaud avec du thé à la menthe.

125 Brochettes de cœur de veau

– pour environ 10 brochettes

Ustensiles :

1 brasero
10 brochettes

Ingrédients :

1 cœur de veau de 1 kg environ
2 cuillerées à café de piment doux
2 cuillerées à café de cumin
1 bonne pincée de piment fort pilé
Sel

Couper le cœur en morceaux cubiques d'environ 3 cm, les rincer et bien les égoutter.

A part, mélanger les épices et lorsque les morceaux de cœur sont égouttés, les en assaisonner abondamment.

Sur les brochettes, enfilez ces morceaux de cœur (7 à 8 par brochette) et faire griller sur les braises de charbon de bois.

Servir très chaud avec du thé à la menthe.

126 Kabab

– pour environ 10 brochettes

Ustensiles

1 brasero
10 brochettes

Ingrédients :

1 kg de filet ou de gigot de mouton
3 rognons blancs
3 rognons avec leur graisse
1 gros bouquet de persil
2 petits oignons
Sel

Lavez et hachez très finement le persil, bien le mélanger avec le sel.

Coupez la viande, les rognons et leur graisse en petits cubes de 2 cm environ. Débarrassez les rognons blancs de leur poche et les faire saisir rapidement sur une brochette. Hachez les oignons, les incorporer au hachis de persil salé et en enrober soigneusement tous les morceaux de viande et de rognons.

Enfiler alors sur les brochettes (10 morceaux pour chacune), en intercalant viande, rognons et morceaux de graisse. Faire griller sur les braises de charbon de bois.

Servir aussitôt.

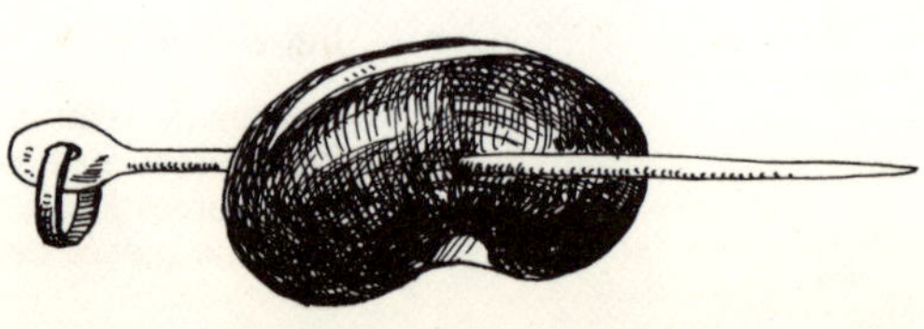

LES ABATS

127 Foie M'chermel frit

Ustensiles :

1 grand plat creux pour la Chermoula
1 mehraz (mortier)
1 poêle pour la friture
1 plat de service

Ingrédients :

750 g de foie de veau

– *pour la Chermoula* (marinade)

2 cuillerées à soupe de piment doux
2 cuillerées à café de cumin
3 cuillerées à soupe de vinaigre
2 petits bouquets de coriandre
Sel

La chermoula : équeuter et piler au mortier la coriandre avec le sel. Ajouter piment doux, cumin et vinaigre plus un verre à thé d'eau.

Couper le foie en tranches fines, les laver et bien les égoutter. Faire macérer ensuite les tranches de foie dans la chermoula pendant quelques heures.

Les retirer de la chermoula, et saupoudrer chaque tranche des deux côtés avec un peu de farine.

Les faire frire ensuite à la poêle dans l'huile bouillante.

Le foie M'chermel se sert chaud ou froid.

128 Foie M'chermel en sauce

Ustensiles :

1 grand plat creux pour la Chermoula
1 mehraz (mortier)
1 poêle pour la friture
1 casserole
1 plat creux de service

Ingrédients :

750 g de foie de veau
Chermoula (marinade)
12 olives confites
Le jus d'un citron
1 citron confit
3/4 de verre d'huile à friture
Sel

Faire macérer le foie dans la Chermoula (voir recette nº 127) puis le frire de chaque côté. Une fois cuit, le couper en petits dés et mettre en attente.

Dans une casserole, verser la Chermoula dans laquelle a macéré le foie ; ajouter un verre à thé et demi d'huile de la friture, le jus d'un citron et un verre et demi d'eau. Porter à ébullition, puis ajouter les olives confites, le citron confit coupé en morceaux et les dés de foie (en évitant de mettre les miettes de friture qui se sont détachées lorsqu'on le coupait).

Laisser bouillir à nouveau quelques minutes et retirer du feu avant que la sauce s'épaississe pour qu'en refroidissant, elle ne devienne pas trop compacte.

Sur le plat de service tenu au chaud, verser le contenu de la casserole et décorer avec le citron confit et les olives.

Ce plat se sert très frais.

129 Cervelle en sauce

Ustensiles :

1 grand plat creux pour le trempage des cervelles
1 casserole
1 plat de service

Ingrédients :

2 cervelles de veau
2 cuillerées à café de piment doux
1/2 cuillerée à café de piment fort pilé
1 cuillerée à café de coriandre hachée
3 grosses gousses d'ail écrasées
5 cuillerées à soupe d'huile d'arachide
5 cuillerées à soupe de jus de citron
Une pincée de sel pour la cuisson

Bien nettoyer et laver les cervelles dans de l'eau salée. Oter la membrane qui les enveloppe et rincer à nouveau à l'eau claire. Dans un plat creux poser délicatement les cervelles, les recouvrir d'eau et les laisser reposer au frais quelques heures.

Avant cuisson, rincer à nouveau à l'eau claire et bien égoutter. Couper chaque cervelle en six. Mettre ces morceaux dans une casserole avec piment doux, piment fort, coriandre hachée, ail écrasé, cinq cuillerées d'huile d'arachide et cinq cuillerées à soupe de jus de citron. Recouvrir d'eau.

Couvrir la casserole et porter sur feu moyen pendant deux heures environ. Ajouter une pincée de sel si nécessaire et en fin de cuisson, les cinq cuillerées à soupe de jus de citron.

Laisser réduire la sauce jusqu'à ce qu'elle devienne onctueuse ; retirer aussitôt du feu.

Servir frais.

130 Langue de veau en sauce

Ustensiles :

1 faitout
1 cocotte
1 plat de service

Ingrédients :

1 langue de veau
1/2 cuillerée à café de piment fort pilé
2 cuillerées à café de piment doux
2 oignons
150 g de beurre
5 cuillerées à soupe de vinaigre
1 cuillerée à café de cumin
1 cuillerée à café de coriandre en graines
Sel

Laver la langue et la faire blanchir dans de l'eau très chaude salée, pendant un quart d'heure. Ne pas faire bouillir. Retirer la langue de l'eau et ôter la peau. La laver dans de l'eau salée et la rincer plusieurs fois, puis la couper en gros cubes.

Dans une cocotte, placer la langue et ajouter le piment fort, le piment doux, les oignons hachés, le beurre. Recouvrir d'eau. Fermer la cocotte et faire cuire à feu doux pendant trois heures. Piquez la langue pour voir si elle est cuite.

En fin de cuisson ajouter le cumin, les graines de coriandre pilées et les cinq cuillerées à soupe de vinaigre (suivant goût).

Faire réduire la sauce pour qu'elle devienne onctueuse et retirer du feu.

Servir dans le plat de service tenu au chaud.

131 Rognons blancs en sauce

– pour 8 personnes

Ustensiles :

1 grand plat creux
1 casserole
1 plat de service

Ingrédients :

3 kg de rognons blancs
3 cuillerées à café de piment
2 cuillerées à café de cumin
1 cuillerée à café de cannelle en poudre
200 g de beurre
Sel

Retirer les rognons de leur poche en incisant la peau. Les rouler avec précaution dans le sel pour éviter de les écraser. Les laver ensuite à l'eau claire, plusieurs fois. Les couper en cubes de quatre centimètres de côté et bien les laisser égoutter.

Mettre les morceaux de rognons dans une casserole, avec le piment, le cumin, la cannelle en poudre et les 200 g de beurre. Saler très légèrement. Couvrir d'eau et faire cuire sur feu moyen jusqu'à ce que la chair des rognons blancs devienne ferme : à ce moment, ils sont cuits.

Rectifier l'assaisonnement si nécessaire et faire réduire la sauce pour qu'elle soit onctueuse. Retirer du feu sans attendre.

Dans le plat de service tenu au chaud, servir aussitôt.

Le Méchoui

C'est le plat national par excellence. Très apprécié, il est préparé rituellement par un homme spécialisé appelé « Chouaye » qui le présente doré et brûlant au moment du repas.

Comme vous le savez sans doute, le méchoui est un mouton entier rôti à la broche sur charbon de bois. On l'enduit entièrement de beurre, et on le fait cuire très doucement en l'arrosant de temps en temps avec un peu d'eau salée et de beurre fondu. Suivant le poids et la qualité du mouton, il faut compter entre trois heures et demie et quatre heures pour la cuisson. La viande, une fois cuite, doit se détacher facilement avec les doigts.

Le charbon de bois se consumant doit être placé de chaque côté du mouton préalablement enfilé dans une longue broche et retenu aux deux extrémités par des bâtons ou de grosses pierres qui le maintiennent à une cinquantaine de centimètres du sol. De cette façon la chaleur est indirectement diffusée sur la viande, ce qui l'empêche de griller avant que la cuisson soit terminée.

Avant de les déguster, on assaisonne les morceaux choisis avec du sel et du cumin.

132 Quartier de mouton méchoui

– pour 10 à 12 personnes :

Ustensiles :

1 grand plat à four
1 grand plat de service

Ingrédients :

1 quartier de mouton (épaule et côtes) de 3 à 4 kg
2 cuillerées à soupe de piment doux
2 cuillerées à café de cumin
200 g de beurre fondu
Sel

Rincer le quartier de mouton.

Bien mélanger au beurre fondu le piment doux, le cumin, le sel. Enduire tout le quartier de mouton de ce mélange. Décoller la peau sous l'épaule pour y introduire aussi un peu de cet assaisonnement.

Mettre à cuire à four chaud, en mettant au fond du plat un verre et demi d'eau. Arroser de temps en temps avec le jus pour que la viande ne se dessèche pas.

Au bout de trois heures de cuisson, retourner la viande, pour que l'autre face dore. Laisser encore une demi-heure au four et ne retirer du four que lorsque vous aurez vérifié que la viande se détache bien si on la tire avec les doigts.

Sur le plat de service, dressez le quartier de mouton avec, à part, cumin et sel pour l'assaisonnement.

N.B. – *Le quartier de mouton méchoui se sert sans jus.*

133 *Quartier de mouton rôti*

– pour 10 personnes :

Ustensiles :

1 grande cocotte
1 grande poêle
1 grand plat de service

Ingrédients :

1 quartier de mouton (épaule et côtes) de 3 à 4 kg
2 cuillerées à café de cumin
2 cuillerées à soupe de piment doux
3 gousses d'ail écrasées
250 g de beurre
2 cuillerées à café de farine
Sel

Faire un mélange avec le beurre ramolli, le cumin, le piment doux, l'ail écrasé, un peu de sel. Réserver.

Rincer la viande, bien l'égoutter, puis l'enduire du mélange ci-dessus.

Dans une grande cocotte, placer le quartier de mouton, couvrir d'eau à mi-hauteur et faire cuire à couvert, sur feu moyen, pendant deux heures et demie à trois heures. Arroser de temps en temps la viande avec son jus. Lorsque la chair se détache facilement du bout des doigts, la viande est cuite.

Faire réduire la sauce pour qu'elle devienne onctueuse et, si nécessaire, la lier avec deux cuillerées de farine diluée dans un peu d'eau. Bien mélanger et retirer la cocotte du feu.

Un quart d'heure environ avant de servir, dans une grande poêle contenant un mélange d'huile et de beurre, faire dorer la viande de tous côtés.

Lorsqu'elle est bien dorée, dresser le quartier de mouton sur un plat tenu au chaud.

Réchauffer la sauce et y ajouter, en remuant vivement, trois cuillerées d'huile de friture. Bien mélanger et arroser la viande de cette sauce onctueuse.

Servez aussitôt bien chaud.

134 Quartier de mouton M'hammer chouakder

– pour 12 personnes

Ustensiles :

1 grande cocotte
1 grande poêle
1 grand plat de service

Ingrédients :

1 quartier de mouton (épaule et côtes) de 3 à 4 kg
2 cuillerées à café de poivre
1 cuillerée à café de safran
1/2 cuillerée à café de gingembre
1 bouquet de coriandre lié
3 oignons hachés
200 g de beurre
3 verres d'eau
Sel

Rincez et égouttez le quartier de mouton.

Le poser dans une grande cocotte (côté charnu vers le fond), saler et ajouter poivre, safran, gingembre, coriandre, oignons hachés, beurre. Mouiller avec trois verres d'eau.

Porter la cocotte couverte sur feu moyen et laisser cuire en arrosant de temps en temps la viande avec son jus.

Vérifier la cuisson au bout de trois heures à trois heures et demie. Si la viande se détache bien avec les doigts, c'est qu'elle est cuite. Enlever le petit bouquet de coriandre, laisser réduire la sauce pour qu'elle devienne onctueuse. Retirer du feu.

Un quart d'heure avant de servir, faire dorer la viande au beurre dans une grande poêle en la retournant de tous côtés. Réchauffez la sauce et y ajouter deux cuillerées à soupe et demie de beurre de friture, en remuant vivement.

Sur le plat de service tenu au chaud, présentez le quartier de mouton bien doré et recouvert de sa sauce onctueuse.

Servir très chaud.

135 Chaoua

– *pour 10 personnes*

Ustensiles :

1 couscoussier
1 plat de service

Ingrédients :

4 kg de viande de mouton (selle, collier, épaule)
2 kg de pommes de terre
Cumin
Sel

Remplir la marmite à couscous aux trois quarts d'eau et la poser sur le feu.

Eplucher, laver et couper les pommes de terre en gros quartiers, les placer dans le fond du keskes (partie haute du couscoussier). Poser par-dessus la viande coupée en gros morceaux. Saupoudrer de sel. Couvrir d'un linge humide et placer le keskes sur la marmite à couscous. Faire bien joindre les deux ustensiles pour que la vapeur ne s'échappe pas. Mettre si nécessaire un poids sur le keskes et ne soulever le couvercle qu'au bout de trois heures pour vérifier la cuisson.

Dès que la viande se détache facilement si l'on tire avec les doigts, retirer le couscoussier du feu.

Servir brûlant viande et pommes de terre avec assaisonnement de cumin et sel, à part.

136 Quartier de mouton farci au couscous

– pour 10 à 12 personnes :

Ustensiles :

Pour la farce :

1 couscoussier
1 gsââ
1 mortier

Pour la cuisson :
1 grande cocotte
1 plat à four
1 grand plat de service

Ingrédients :

3 à 4 kg de mouton comprenant épaule et côtes
4 à 5 grands bols de couscous pour farce
2 cuillerées à café de poivre
1 cuillerée à café de safran
2 gros oignons
1 bâton de cannelle
200 g de beurre
4 cuillerées à soupe de miel
4 verres d'eau
Sel

Préparez à l'avance le couscous pour la farce (voir recette nº 11).

Rincer le quartier de mouton et bien l'égoutter.

Décoller délicatement la peau sous l'épaule en l'étirant avec la main et en faisant attention de ne pas la déchirer.

Introduire sous la peau, le plus profondément possible, quatre à cinq bols de couscous pour farce. Recoudre soigneusement l'ouverture.

Dans la cocotte faire fondre le beurre, y déposer le quartier de mouton, côté charnu vers le fond. Saler, poivrer, ajouter les deux oignons finement râpés, le safran, et mouillez avec quatre verres d'eau.

Couvrez la cocotte et mettre à feu doux. Au bout d'une demi-heure, retournez délicatement la viande pour ne pas percer la partie farcie. Arrosez de temps à autre avec le jus de cuisson. Lorsque la viande est cuite à point (elle se détache au bout des doigts) au bout de trois à trois heures et demie de cuisson, ajouter le miel, la cannelle et laissez réduire jusqu'à ce que la sauce devienne onctueuse. Retirez la cocotte du feu.

Environ une demi-heure avant le repas, ôtez la viande (sans la sauce) la poser sur le plat à four et la faire dorer de chaque côté à four chaud. Dès que la peau a pris une jolie couleur, déposez le quartier de mouton sur le plat de service tenu au chaud et versez dessus la sauce réchauffée.

Servir aussitôt avec, à part, dans des petits bols un complément de couscous pour farce.

Les Tajines

Pour les tajines, les viandes choisies de préférence sont : le mouton (morceau dans l'épaule ou carré de côtelettes) ou le veau (jarret).

137 Tajine de viande aux coings et au miel

– pour 8 à 10 personnes :

Ustensiles :

1 cocotte
1 tajine ou
1 plat rond creux

Ingrédients :

2 kg de viande (mouton ou veau)
2 kg de coings
250 g de beurre
2 cuillerées de poivre
1 cuillerée à moka de safran
1 bâton de cannelle
4 oignons
3 cuillerées à soupe de sucre en poudre
2 cuillerées à soupe de cannelle
2 cuillerées à soupe de miel épais
Sel

Découper la viande en morceaux de 200 g environ, les rincer.

Dans la cocotte faire fondre le beurre, y déposer les morceaux de viande avec sel, poivre, safran, bâton de cannelle, et les oignons finement râpés. Recouvrir d'eau.

Porter la cocotte couverte sur feu moyen, en remuant de temps en temps les morceaux de viande dans leur sauce. Ajouter un peu d'eau si nécessaire.

Lorsque la viande est presque cuite, ajoutez le sucre et la cannelle, bien mélanger et continuez la cuisson jusqu'à ce que la viande se détache facilement au bout des doigts.

Retirer la viande de la cocotte et la réserver. Lavez les coings, – ne pas les peler – les épépiner et les couper en deux ou en quartiers suivant leur grosseur. Les mettre dans la cocotte toujours sur le feu, ajouter le miel et laisser cuire à petit feu. Surveiller la cuisson et lorsque les coings sont tendres, les retirer.

Laisser réduire la sauce pour qu'elle devienne bien onctueuse. Remettre dans la cocotte, d'un côté les morceaux de viande et de l'autre les coings. Laissez mijoter à nouveau, à petit feu, environ une vingtaine de minutes pour que les coings s'imprègnent bien de la sauce.

Servir en tajine ou dans un plat rond, la viande et les coings recouverts de leur sauce mielleuse.

138 *Tajine de viande aux aubergines frites*

– *pour 8 à 10 personnes :*

Ustensiles :

1 cocotte
1 poêle
1 tajine ou
1 plat de service rond

Ingrédients :

2 kg de viande (mouton ou veau)
3 kg d'aubergines
1 cuillerée à moka de safran
2 cuillerées à café bien pleines de gingembre
1 louche d'huile d'arachide
2 gousses d'ail écrasées
1 verre à thé de jus de citron (dont la moitié pour les aubergines et l'autre moitié pour la sauce)
Sel

Pour cette préparation, procédez de la même façon que pour le « poulet aux aubergines frites » (recette nº 109).

139 *Tajine de viande aux courgettes et gombos*

– *pour 8 à 10 personnes :*

Ustensiles :

1 cocotte
1 casserole
1 tajine ou
1 plat de service rond

Ingrédients :

2 kg de viande
2,500 kg de courgettes longues vertes
500 g de gombos
2 cuillerées à moka de safran
2 cuillerées à café de poivre
250 g de beurre
2 gros oignons
Sel

Coupez la viande en morceaux de 200 g environ, les rincer, les égoutter.

Grattez soigneusement la peau des courgettes, les couper dans le sens de la longueur, les évider et les débiter en carrés de quatre à cinq centimètres. Bien les laver et les égoutter. Faire fondre le beurre dans la cocotte, y placer les morceaux de viande avec sel, poivre, safran et les oignons râpés. Recouvrir d'eau et porter sur feu moyen, cocotte couverte.

Lorsque la viande est cuite, la retirer de la cocotte et la réserver. Verser les courgettes coupées dans la cocotte toujours sur le feu, couvrir à moitié d'eau les courgettes, saler, bien mélanger et laisser cuire.

Pendant ce temps, coupez les deux extrémités des gombos, les rincer et les égoutter.

Dans une casserole mettre un peu de sauce prélevée dans la cocotte, ajoutez un peu d'eau, salez et mettre à cuire les gombos. Lorsque les courgettes sont cuites, les retirer de la cocotte et faire réduire la sauce.

Au moment de passer à table remettre viande et courgettes dans la cocotte, à réchauffer à petit feu. Réchauffer également les gombos, à part dans leur casserole.

Dressez la viande dans le plat de service, placez dessus les courgettes, éparpillez les gombos sur le tout et arrosez avec la sauce bien chaude.

Servir aussitôt.

140 Tajine aux cardons « Kanaria »

– pour 10 à 12 personnes :

Ustensiles :

1 cocotte
1 casserole
1 bassine
1 tajine ou
1 plat de service rond

Ingrédients :

2 kg de viande (mouton ou veau)
5 gros pieds de cardons
2 cuillerées à café de gingembre
1 cuillerée à café de safran
1 louche d'huile d'arachide
2 cuillerées à soupe d'huile d'olive
2 gousses d'ail écrasées
2 citrons confits
12 olives confites
1 verre à thé de jus de citron
Sel

Epluchez soigneusement les cardons après avoir coupé les têtes, bien enlever tous les fils du côté filandreux du légume. Coupez les côtes en morceaux de 5 à 6 cm de long en retirant à chaque fois la peau lisse qui recouvre le côté creux du cardon, pour que le légume ne noircisse pas en cours de cuisson et reste bien tendre. Jetez ces morceaux de cardons épluchés dans une bassine d'eau légèrement vinaigrée.

Partagez les têtes des cardes en deux, les éplucher de même et les mettre à part dans une casserole d'eau.

D'autre part, coupez la viande en morceaux, les rincer et les égoutter.

Dans la cocotte versez l'huile d'olive et d'arachide, faites chauffer doucement, ajoutez la viande coupée, l'ail écrasé, le safran, le gingembre, salez et couvrez d'eau. Portez la cocotte couverte sur feu vif jusqu'à ébullition, ajoutez les queues de cardes coupées (réservez les têtes). Recouvrir d'eau pour que les cardes ne noircissent pas et refaire bouillir pendant une demi-heure. Ajoutez alors les têtes des cardes, vérifiez l'assaisonnement et laissez cuire à découvert.

Au bout de deux heures et demie de cuisson, la viande et les cardes sont cuites et bien tendres. Ajoutez alors l'écorce des citrons confits coupée en morceaux, les olives confites et le jus de citron. Liez la sauce avec deux cuillerées de farine préalablement diluée dans un peu d'eau et laissez réduire jusqu'à ce que la sauce devienne onctueuse.

Dressez dans le plat de service tenu au chaud et servir aussitôt.

141 Tajine de viande aux courgettes

– pour 8 à 10 personnes :

Ustensiles :

1 cocotte
1 tajine ou
1 plat de service rond

Ingrédients :

2 kg de viande
2,500 kg de courgettes
4 oignons
1 cuillerée à soupe de thym
1 cuillerée et demie de safran
2 cuillerées à café de poivre
200 g de beurre
Sel

Coupez la viande en morceaux, les rincer et les égoutter. Dans la cocotte faites fondre le beurre, ajouter la viande, le sel, le poivre, le safran et les oignons finement râpés. Couvrir d'eau et porter la cocotte fermée sur feu moyen. Remuer de temps en temps et ajouter un peu d'eau si nécessaire.

Pendant ce temps, couper les courgettes sans les peler, en morceaux de 4 à 5 cm de côté. Bien les laver ; les égoutter puis les saler légèrement, saupoudrer d'un peu de poivre, de safran et d'une cuillerée de thym réduit en poudre. Bien mélanger.

Lorsque la viande est cuite et se détache au bout des doigts, la retirer de la cocotte et verser les courgettes dans celle-ci. Couvrir à moitié d'eau et laisser bouillir cocotte fermée pendant quelques instants, puis découvrez et continuez la cuisson à petit feu.

Lorsque les courgettes sont cuites, laissez réduire la sauce pour qu'elle devienne onctueuse, vérifier l'assaisonnement et retirer du feu.

Un peu avant de servir, remettre les morceaux de viande dans la cocotte en prenant soin de ne pas écraser les courgettes. Réchauffer tout doucement et dresser sur le plat de service, la viande d'abord, puis les courgettes par-dessus. Recouvrir le tout avec la sauce. Servir très chaud.

142 Tajine de viande à la tomate avec gombos ou pommes de terre

– pour 8 à 10 personnes :

Ustensiles :

1 cocotte
1 casserole
1 tajine ou
1 plat de service

Ingrédients :

2 kg de viande
5 kg de tomates
600 g de gombos (mlokia) ou
600 g de pommes de terre
2 louches d'huile d'arachide
2 cuillerées à café de gingembre
1 cuillerée à moka de safran
2 poignées de persil haché
Sel

Découpez la viande en morceaux, les rincer et les égoutter.

Dans la cocotte mettre l'huile doucement chauffée, les morceaux de viande, le gingembre, le safran, le sel ; couvrir d'eau et porter la cocotte fermée sur feu moyen. Laisser cuire en remuant de temps en temps.

Pendant que la viande cuit, éplucher, épépiner et couper les tomates en morceaux. Lorsque les tomates sont prêtes, retirer la viande de la cocotte et la réserver.

Versez la tomate dans la cocotte toujours sur le feu ; ajoutez persil haché et un peu de sel. Laissez faire quelques bouillons. D'autre part, coupez les deux extrémités des gombos, les rincer et les mettre dans une casserole dans laquelle vous aurez mis un peu de sauce prélevée dans la cocotte. Saler et faire cuire les gombos. Les réserver au chaud.

Surveiller la cuisson de la tomate qui doit se réduire en purée, en raclant de temps en temps le fond de la cocotte pour que cette purée n'attache pas. Lorsque la tomate est cuite, remettre les morceaux de viande dans la cocotte et continuez la cuisson pour qu'ils achèvent de cuire en s'imprégnant du goût de la tomate. Remuer souvent, et lorsque la viande se détache au bout des doigts, retirez la cocotte du feu.

Dresser la viande dans un plat rond, la recouvrir de tomate et éparpiller les gombos par-dessus.

Servir aussitôt, très chaud.

143 Tajine de viande aux haricots verts et tomates

– pour 8 à 10 personnes :

Ustensiles :

1 cocotte
1 tajine ou
1 plat de service rond

Ingrédients :

2 kg de viande
2 kg de haricots verts
1,500 kg de tomates
2 cuillerées à café de gingembre
1 bonne pincée de safran
2 cuillerées à soupe de piment doux
1 louche et demie d'huile d'arachide
Le jus d'un citron
Sel

Coupez la viande en morceaux, les rincer, les égoutter. Dans la cocotte mettre la viande, l'huile, le gingembre, le safran, le piment doux ; salez. Porter sur feu moyen.

Lavez, épépinez et coupez les tomates en morceaux. Ajoutez-les dans la cocotte et laissez faire quelques bouillons. Ajoutez les haricots verts épluchés et lavés ; laissez cuire le tout à couvert en remuant de temps à autre. Ajouter un peu d'eau si nécessaire.

Vérifiez la cuisson des haricots verts et lorsque la viande est cuite ajoutez le jus de citron. Laissez réduire pour que la sauce devienne onctueuse.

Dressez la viande sur le plat de service, recouvrez-la avec les haricots verts ; arrosez le tout avec la sauce.

Servir très chaud.

144 Tajine de viande aux haricots verts (Mqualli)

– pour 8 à 10 personnes :

Ustensiles :

1 cocotte
1 tajine ou
1 plat rond de service

Ingrédients :

2 kg de viande
1,500 kg de haricots verts
2 cuillerées à café de gingembre
1 cuillerée à moka de safran
1 louche d'huile d'arachide
1 citron confit
20 olives confites
Le jus d'un citron
2 cuillerées à café de farine
Sel

Coupez la viande en morceaux ; les rincer, les égoutter et les mettre dans la cocotte avec sel, gingembre, huile, safran. Couvrir d'eau et porter la cocotte fermée sur le feu. Laisser faire quelques bouillons, bien mélanger et ajoutez les haricots verts préalablement épluchés et lavés. Refermer la cocotte et laisser cuire en remuant de temps à autre. Si nécessaire, ajouter un peu d'eau en cours de cuisson. Lorsque viande et haricots sont cuits et bien tendres, ajouter les olives confites, l'écorce de citron confit coupée en morceaux et le jus d'un citron. Lier la sauce avec deux cuillerées à café de farine délayée dans un peu d'eau. Laissez réduire la sauce jusqu'à ce qu'elle devienne onctueuse.

Sur le plat de service, dressez la viande, recouvrez-la avec les haricots verts et décorez avec les morceaux de citrons et les olives. Verser la sauce dessus et servir très chaud.

145 Tajine de viande aux choux-fleurs

– pour 8 à 10 personnes :

Ustensiles :

1 faitout
1 cocotte
1 tajine ou
1 plat rond

Ingrédients :

2 kg de viande
3 kg de choux-fleurs
2 cuillerées à café de gingembre
2 bonnes pincées de safran
1 louche d'huile d'arachide
2 cuillerées à soupe de piment doux
1 cuillerée à café de cumin
1 verre à thé de jus de citron
4 cuillerées à café de farine
Sel

Faire cuire rapidement les choux-fleurs dans de l'eau bouillante salée, pour que les bouquets soient cuits à point, mais non défaits. Les mettre à égoutter dès qu'ils sont cuits (je vous conseille d'ajouter dans l'eau de cuisson deux cuillerées à soupe de farine, ainsi les choux-fleurs resteront bien blancs).

Coupez la viande en morceaux ; les rincer, les égoutter et les mettre dans la cocotte avec sel, gingembre, safran et huile. Recouvrir d'eau et faire cuire cocotte fermée. Remuer de temps à autre et ajouter, si nécessaire, un peu d'eau en cours de cuisson. Lorsque la viande est cuite à point, la retirer de la cocotte et laisser réduire la sauce pour qu'elle devienne onctueuse. Lui ajouter le jus de citron, le piment doux, le cumin et deux cuillerées de farine délayée dans un peu d'eau. Bien mélanger et remettre dans la cocotte, les morceaux de viande d'un côté et les bouquets de choux-fleurs de l'autre.

Laissez mijoter doucement pendant un quart d'heure en arrosant les choux-fleurs pour qu'ils s'imprègnent bien de la sauce. Lorsque celle-ci est devenue bien onctueuse, dresser la viande dans le plat rond, les bouquets de choux-fleurs par-dessus et arroser le tout avec la sauce bien chaude.

Servir aussitôt.

146 Tajine de viande aux choux

Les proportions et la préparation sont les mêmes que pour le « Tajine de viande aux choux-fleurs » (recette nº 145). Comptez toutefois une heure et demie de cuisson pour le chou.

147 Tajine de viande aux fèves « Mqualli »

– pour 8 à 10 personnes :

Ustensiles :

1 cocotte
1 tajine ou
1 plat rond et creux de service

Ingrédients :

2 kg de viande
4 kg de fèves
2 cuillerées à café de gingembre
1 cuillerée à moka de safran
1 louche d'huile d'arachide
2 gousses d'ail écrasées
1 écorce de citron confit
24 olives confites
Le jus d'un citron pressé
Sel

Ecosser les fèves et enlever leur germe.

Découper la viande en morceaux ; les rincer, les égoutter et les mettre dans la cocotte avec sel, safran, gingembre, ail écrasé et huile. Couvrir d'eau et porter la cocotte fermée sur feu moyen. Surveiller la cuisson en remuant de temps en temps les morceaux de viande. Ajouter un peu d'eau si nécessaire.

Lorsque la viande est cuite à point, la retirer de la cocotte et la réserver.

La cocotte toujours sur le feu, verser dedans les fèves, les couvrir d'eau et faire cuire cocotte fermée. Goûtez les fèves pour contrôler leur cuisson et lorsqu'elles sont à point, ajouter les olives et l'écorce de citron confit coupée en morceaux, le jus de citron. Faire réduire la sauce et ajouter les morceaux de viande. Laisser mijoter le tout une dizaine de minutes. Dresser la viande dans le plat de service, avec par-dessus les fèves. Décorer avec les morceaux de citrons et les olives et verser sur le tout la sauce bien onctueuse.

Servir aussitôt.

148 Tajine de viande aux artichauts et fèves « Mqualli »

– pour 8 à 10 personnes :

Ustensiles :

1 cocotte
1 casserole
1 tajine ou
1 plat de service rond et creux

Ingrédients :

2 kg de viande
4 kg d'artichauts
1,500 kg de fèves fraîches
2 cuillerées à café de gingembre
1 cuillerée à moka de safran
2 gousses d'ail écrasées
1 louche d'huile d'arachide
1 citron confit
24 olives confites
Le jus d'un citron pressé
Sel

Enlever les feuilles des artichauts, ainsi que le foin, pour ne conserver que les cœurs. Les jeter au fur et à mesure dans une bassine contenant de l'eau fraîche vinaigrée (pour qu'ils ne noircissent pas).

Ecossez les fèves et ôtez leur germe, mais ne pas les peler. Les réserver.

Découper la viande en morceaux, les rincer et les placer dans une cocotte avec le gingembre, le safran, l'ail écrasé, et l'huile. Recouvrir la viande d'eau et porter la cocotte fermée sur feu moyen. Surveiller la cuisson en remuant de temps en temps les morceaux de viande et ajouter un peu d'eau si nécessaire.

Lorsque la viande est cuite à point, la retirer de la cocotte et la réserver.

Mettre les fèves, préalablement rincées à l'eau fraîche, dans une casserole. Les arroser avec la moitié de la sauce dans laquelle la viande a cuit ; les recouvrir d'eau et les faire cuire doucement casserole fermée. Découvrez la casserole pour que la sauce des fèves réduise et devienne onctueuse.

Dans la sauce restant dans la cocotte, faire cuire les fonds d'artichauts en les recouvrant d'eau. Découvrez la cocotte en fin de cuisson pour que le fond de sauce réduise (comme pour les fèves).

Ajoutez alors les morceaux de viande et les fèves dans la cocotte avec les fonds d'artichauts, puis l'écorce de citron confit coupée en morceaux, ainsi que les olives.

Laissez faire quelques bouillons.

Dressez, dans le plat de service tenu au chaud, d'abord la viande puis les fèves et les fonds d'artichauts et garnissez avec quartiers de citrons confits et olives. Arrosez le tout avec la sauce bien chaude, et le jus de citron.

149 *Tajine de viande aux artichauts et petits pois*

– pour 8 à 10 personnes :

Ustensiles :

1 cocotte
1 casserole
1 tajine ou
1 plat de service rond et creux

Ingrédients :

2 kg de viande
3 kg d'artichauts
1 kg de petits pois
2 cuillerées à café de gingembre
24 olives confites
1 cuillerée à moka de safran
3 gousses d'ail écrasées
1 louche d'huile d'arachide
L'écorce d'un citron confit
Sel

Procédez de la même façon que pour le « tajine aux artichauts et fèves » (recette n° 148) mais en remplaçant les fèves par des petits pois.

150 *Tajine de viande aux petits pois*

– pour 8 à 10 personnes :

Ustensiles :

1 cocotte
1 tajine ou
1 plat de service rond et creux

Ingrédients :

2 kg de viande
3 kg de petits pois frais
2 cuillerées à café de gingembre
1 cuillerée à moka de safran
1 louche d'huile d'arachide
2 citrons confits
24 olives confites
Sel

Découpez la viande en morceaux ; les rincer, les égoutter et les déposer dans la cocotte avec sel, safran, gingembre et huile. Couvrir d'eau et porter la cocotte fermée sur feu moyen. Laisser cuire en remuant de temps en temps et ajouter un peu d'eau, si nécessaire, en cours de cuisson.

Pendant ce temps, écossez les petits pois.

Lorsque la viande est cuite à point, la retirer de la cocotte et la réserver.

Dans le jus restant dans la cocotte versez les petits pois, les couvrir d'eau et les faire cuire à couvert sur feu doux. Lorsque les petits pois sont presque cuits, ajoutez les olives et l'écorce des citrons coupée en morceaux. Continuez la cuisson à découvert pour que la sauce réduise et devienne onctueuse. Ne pas trop faire cuire les petits pois pour éviter qu'ils s'écrasent.

Au moment de passer à table, remettre les morceaux de viande dans la cocotte et faire réchauffer doucement l'ensemble. Si la sauce est trop courte, ajoutez un peu d'eau.

Dans le plat de service tenu au chaud, dressez d'abord la viande, recouvrir avec les petits pois et décorez avec les olives et les citrons confits. Arrosez le tout avec la sauce bien chaude. Servir aussitôt.

151 Tajine de viande aux topinambours « K'dra »

– pour 8 à 10 personnes :

Ustensiles :

1 cocotte
1 tajine ou
1 plat de service rond et creux

Ingrédients :

2 kg de viande
3 kg de topinambours
2 cuillerées à café de poivre
1 cuillerée à moka de safran
200 g de beurre
2 oignons
2 poignées de persil
Le jus d'un citron
Sel

Découper la viande en morceaux ; les rincer et les mettre dans la cocotte avec sel, poivre, safran, beurre et les oignons finement hachés. Recouvrir la viande d'eau et porter la cocotte couverte sur feu moyen. Faire cuire en remuant de temps en temps et en ajoutant un peu d'eau si nécessaire.

Pendant ce temps, épluchez les topinambours, les couper en morceaux et les rincer à l'eau fraîche vinaigrée pour éviter qu'ils noircissent.

Lorsque la viande est cuite à point, la retirer de la cocotte et la réserver.

Rincez les topinambours et les mettre dans la cocotte pour qu'ils cuisent dans le jus de viande. Salez, saupoudrez de persil haché fin, couvrir d'eau et faire cuire cocotte fermée sur feu moyen. Surveillez la cuisson des topinambours pour que, tout en étant cuits, les morceaux restent entiers. Lorsqu'ils sont tendres, remettre la viande avec dans la cocotte, ajoutez le jus de citron et laissez réduire la sauce (cocotte découverte).

Sur le plat de service, dressez les morceaux de viande, les topinambours par-dessus et arrosez le tout avec la sauce très chaude. Servir aussitôt.

152 Tajine de viande aux topinambours « Mqualli »

– *pour 8 à 10 personnes :*

Ustensiles :

1 cocotte
1 tajine ou
1 plat de service rond et creux

Ingrédients :

2 kg de viande
2 cuillerées à café de gingembre
1 poignée de persil
1 louche d'huile d'arachide
1 cuillerée à moka de safran
3 kg de topinambours
1 citron confit
24 olives confites
Le jus d'un citron
Sel

Découper la viande en morceaux : les rincer, les égoutter et les déposer dans la cocotte. Salez, ajoutez le gingembre, l'huile et couvrir d'eau. Porter la cocotte couverte sur feu moyen. Remuez la viande en cours de cuisson et ajoutez un peu d'eau si nécessaire.

Pendant ce temps, épluchez les topinambours, les couper en morceaux et les faire tremper dans de l'eau fraîche vinaigrée pour qu'ils ne noircissent pas.

Lorsque la viande est cuite à point, la retirer de la cocotte et la réserver.

Retirer les topinambours de l'eau vinaigrée, les rincer et les mettre dans la cocotte où vous aurez laissé le jus de cuisson de la viande. Couvrir d'eau, fermez la cocotte et laissez cuire jusqu'à ce que les topinambours soient moelleux, tout en restant entiers.

Remettre alors les morceaux de viande dans la cocotte avec les topinambours, ajoutez le jus de citron, les olives et l'écorce de citron confit coupée en quartiers. Laisser réduire à découvert pour que la sauce soit bien onctueuse. Rectifiez l'assaisonnement si nécessaire.

Dans le plat de service tenu au chaud, placez les morceaux de viande, avec par-dessus les topinambours. Garnissez avec les olives et les quartiers de citrons. Arrosez avec la sauce. Servir très chaud.

153 Tajine de viande aux carottes

– pour 8 à 10 personnes :

Ustensiles :

1 cocotte
1 tajine ou
1 plat de service rond et creux

Ingrédients :

2 kg de viande
3 kg de carottes
2 cuillerées à café de gingembre
1 louche d'huile d'arachide
2 gousses d'ail
1 cuillerée à moka de safran
2 citrons confits
36 olives confites
1/2 verre à thé de jus de citron
2 poignées de persil
Sel

Grattez, lavez et coupez les carottes en petits dés. Découpez la viande en morceaux : les rincer, les égoutter et les mettre dans la cocotte avec sel, gingembre, safran, huile et l'ail écrasé. Couvrir d'eau, fermer la cocotte et faire cuire à petits bouillons pendant trois quarts d'heure. Bien remuer pour que les épices imprègnent la viande et mettez les carottes. Salez et saupoudrez

QUARTIER DE MOUTON MÉCHOUI

Le piment doux et le cumin
parfument la chair tendre du mouton.
Attention : doit être servi sans jus.

LE MÉCHOUI

Il faut huit convives (ou plus) pour justifier un méchoui,
le plat national marocain,
puisque bien entendu, on fait rôtir un agneau entier.
Le méchoui doit être mangé
en tirant les morceaux du bout des doigts.
La viande est assaisonnée de sel et de cumin.
Tiges de menthe fraîches pour la présentation,
et pour se rafraîchir la bouche.

de persil finement haché. Laissez cuire à couvert et ajoutez un peu d'eau si nécessaire, en cours de cuisson. Lorsque viande et carottes sont cuites ajoutez l'écorce de citron confit coupée en quartiers, les olives ainsi que le jus de citron. A découvert, laissez réduire la sauce pour qu'elle devienne onctueuse.

Dressez dans le plat de service tenu au chaud, d'abord la viande puis par-dessus les carottes. Décorez avec olives et citron confit et arrosez le tout avec la sauce chaude. Servir aussitôt.

154 Tajine de viande aux fenouils « Mqualli »

– pour 8 à 10 personnes :

Ustensiles :

1 cocotte
1 tajine ou
1 plat de service rond et creux

Ingrédients :

2 kg de viande
3 kg de fenouils
1 cuillerée à soupe de gingembre
1 cuillerée à moka de safran
2 gousses d'ail
1 louche d'huile d'arachide
1 verre à thé de jus de citron
24 olives confites
1 citron confit
3 cuillerées à café de farine
Sel

Découpez la viande en morceaux : les laver, les égoutter et les mettre dans la cocotte avec sel, safran, gingembre, ail écrasé et huile. Couvrir d'eau et porter la cocotte fermée sur feu moyen. Faire cuire en remuant de temps en temps la viande et en ajoutant si nécessaire un peu d'eau en cours de cuisson.

Pendant ce temps, préparez les fenouils : enlever la première épaisseur des têtes, puis les couper en quatre dans le sens de la longueur. Les faire tremper dans de l'eau fraîche légèrement vinaigrée.

Lorsque la viande est cuite à point, la retirer de la cocotte et la réserver.

Rincer les fenouils et les jeter dans la cocotte toujours sur le feu. Couvrir d'eau, fermer la cocotte et faire cuire les fenouils jusqu'à ce qu'ils soient tendres. Ajouter alors l'écorce de citron confit coupée en quartiers, les olives et le jus de citron. Liez la sauce avec trois cuillerées de farine délayée dans un peu d'eau. A découvert, laissez réduire la sauce pour qu'elle devienne onctueuse et remettre les morceaux de viande en prenant soin de ne pas écraser les fenouils. Rectifiez l'assaisonnement si nécessaire.

Sur le plat de service tenu au chaud, placez les morceaux de viande, puis, par-dessus les fenouils. Décorez avec olives et citron confit et arrosez le tout avec la sauce bien chaude.

Servir aussitôt.

155 Tajine de viande au potiron « Mqualli »

– pour 8 à 10 personnes :

Ustensiles :

2 cocottes
1 tajine ou
1 grand plat de service rond et creux

Ingrédients :

2 kg de viande
5 kg de potiron
2 cuillerées à café de gingembre
1 cuillerée à moka de safran
1 louche d'huile d'arachide
2 gousses d'ail
2 cuillerées à café de farine
250 g de sucre en poudre
2 cuillerées à café de cannelle
Sel

Préparation du potiron :

Pelez et découpez le potiron en tranches fines. Les placer dans une cocotte – sans y mettre d'eau – sur feu moyen. Faire cuire en raclant et en remuant le fond de la cocotte avec une spatule pour que le potiron n'attache pas.

Le potiron rejette de l'eau et lorsque celle-ci est évaporée, on obtient une purée desséchée. Salez-la légèrement et incorporez le sucre en poudre, puis l'huile et laissez revenir cette purée jusqu'à ce qu'elle prenne une belle couleur caramel. Ajoutez alors la cannelle en remuant constamment jusqu'à ce que l'huile de cuisson réapparaisse en surface. Retirer alors du feu et égoutter cette purée pour supprimer toute trace d'huile

Découpez la viande en morceaux ; les rincer, les égoutter et les disposer dans la deuxième cocotte avec sel, safran, gingembre, ail écrasé et huile. Couvrir d'eau et porter la cocotte couverte sur feu moyen. Remuer de temps en temps la viande et ajouter si nécessaire un peu d'eau en cours de cuisson. Lorsque la viande est cuite à point, découvrir la cocotte pour que la sauce réduise. La lier avec deux cuillerées à café de farine délayée dans un peu d'eau et laissez mijoter.

Au moment de servir, réchauffer doucement la purée de potiron.

Dresser la viande sur le plat de service tenu au chaud, recouvrir avec la purée de potiron et verser par-dessus la sauce bien chaude.

Servir aussitôt.

156 Tajine de viande aux pommes de terre « K'dra »

– pour 8 à 10 personnes :

Ustensiles :

1 cocotte
1 tajine ou
1 plat de service rond et creux

Ingrédients :

2 kg de viande
2,500 kg de pommes de terre (ne s'écrasant pas à la cuisson)
3 oignons
2 cuillerées à café de poivre
1 cuillerée à moka de safran
250 g de beurre
1 poignée de coriandre hachée
Sel

Découpez la viande en morceaux ; les rincer, les égoutter et les placer dans la cocotte avec sel, poivre, safran, beurre et oignons finement hachés. Couvrir d'eau, fermer la cocotte et faire cuire sur feu moyen, en remuant de temps en temps la viande. Ajouter un peu d'eau en cours de cuisson, si nécessaire.

Pendant ce temps, éplucher les pommes de terre, les couper en morceaux, les laver et les saupoudrer de sel, de poivre, d'une pointe de safran et de coriandre hachée. Bien mélanger pour que les morceaux de pommes de terre soient enrobés d'épices.

Lorsque la viande est cuite à point, la retirer de la cocotte (en laissant la sauce au fond) et la réserver.

Jetez les pommes de terre dans la cocotte, les recouvrir d'eau et cuire à couvert sur feu moyen. Découvrir la cocotte lorsque les pommes de terre sont cuites pour que la sauce devienne onctueuse. Remettre alors les morceaux de viande sans écraser les pommes de terre, et réchauffer le tout, doucement.

Au moment de servir, dressez la viande sur le plat de service, par-dessus les pommes de terre et arrosez le tout avec la sauce bien chaude. Servir aussitôt.

157 Tajine de viande aux pommes de terre « Mqualli »

– pour 8 à 10 personnes :

Ustensiles :

1 cocotte
1 tajine ou
1 plat de service rond et creux

Ingrédients :

2 kg de viande
2,500 kg de pommes de terre (ne s'écrasant pas à la cuisson)
2 cuillerées à café de gingembre
1 cuillerée à moka de safran
1 louche d'huile d'arachide
3 gousses d'ail
24 olives confites
1 citron confit
Sel

Découpez la viande en morceaux : les rincer, les égoutter et les déposer dans la cocotte avec sel, gingembre, safran, ail écrasé, huile. Couvrir d'eau, fermer la cocotte et faire cuire sur feu moyen en remuant de temps en temps la viande et en ajoutant un peu d'eau, si nécessaire, en cours de cuisson.

Pendant ce temps, épluchez les pommes de terre, les couper en morceaux, les laver et les réserver.

Lorsque la viande est cuite à point, la retirer de la cocotte en laissant toute la sauce dans le fond.

Egouttez les pommes de terre, les mettre dans la cocotte et les couvrir d'eau. Fermez la cocotte, faire cuire à leur tour les pommes de terre. Lorsque celles-ci sont cuites ajoutez l'écorce de citron confit coupée en morceaux, ainsi que les olives. Remettre la viande dans la cocotte sans écraser les pommes de terre, rectifier l'assaisonnement et réchauffer l'ensemble doucement.

Au moment de servir, dressez sur le plat de service, d'abord la viande, recouvrez-la avec les pommes de terre, garnissez avec les olives confites et les quartiers de citron, puis versez sur le tout la sauce très chaude.

Servir aussitôt.

158 Tajine de viande aux pommes de terre « M'chermel »

– pour 8 à 10 personnes :

Ustensiles :

1 cocotte
1 tajine ou
1 grand plat de service rond et creux

Ingrédients :

2 kg de viande
1,500 kg de pommes de terre (ne s'écrasant pas à la cuisson)
2 cuillerées de gingembre
2 cuillerées de piment doux
1 cuillerée de cumin
1 cuillerée à café de safran
4 oignons
2 poignées de persil et coriandre mélangés
1 louche d'huile d'arachide
1 verre à thé de jus de citron
1 citron confit
24 olives confites
Sel

Découpez la viande en morceaux ; les rincer, les égoutter et les mettre dans la cocotte avec sel, gingembre, safran, huile et les oignons finement hachés. Couvrir d'eau, fermer la cocotte et faire cuire sur feu moyen, en remuant de temps en temps la viande. Ajouter un peu d'eau en cours de cuisson, si nécessaire.

Pendant ce temps, vous aurez épluché les pommes de terre et coupé celles-ci en morceaux. Les laver, les égoutter et lorsque la viande est presque cuite, saupoudrer ces morceaux de pommes de terre avec coriandre et persil hachés mélangés, piment doux et cumin.

Les ajouter dans la cocotte et continuer la cuisson.

Lorsque les pommes de terre sont devenues tendres, ajoutez le jus de citron, les olives confites et l'écorce de citron confit coupée en morceaux. Faire cuire à petit feu encore quelques minutes puis retirer du feu, dès que la sauce est devenue onctueuse.

Sur le plat de service tenu au chaud, dressez la viande, puis par-dessus les pommes de terre. Décorez avec olives et citron confit et arrosez le tout avec la sauce bien chaude. Servir aussitôt.

159 Tajine de viande aux navets

– pour 8 à 10 personnes :

Ustensiles :

1 cocotte
1 tajine ou
1 plat de service rond et creux

Ingrédients :

2 kg de viande
3 kg de navets (choisir de préférence des navets à col violet)

Ce tajine se prépare de la même façon que les tajines de viande aux pommes de terre (recettes nº 156, 157 ou 158), toutefois les navets doivent être coupés en rondelles et non en morceaux.

160 Tajine de viande aux amandes et oignons « K'dra »

– pour 8 à 10 personnes :

Ustensiles :

1 cocotte
1 tajine ou
1 plat de service rond et creux

Ingrédients :

2 kg de viande
300 g d'amandes
2 kg d'oignons
1 poignée de persil
250 g de beurre
2 cuillerées à café de poivre
1 cuillerée à moka de safran
Sel

Découpez la viande en morceaux ; les rincer, les égoutter et les déposer dans la cocotte avec sel, poivre, safran, beurre, la moitié des oignons coupés en fines lamelles et les amandes préalablement émondées. Couvrir d'eau, fermer la cocotte et faire cuire sur feu moyen en remuant de temps en temps la viande et en ajoutant un peu d'eau, si nécessaire, en cours de cuisson. Lorsque la viande est cuite à point, la retirer de la cocotte et la réserver.

Mettre alors dans la sauce conservée au fond de la cocotte, le restant des oignons également coupés en lamelle, le persil haché, une pincée de sel et une de safran. Bien mélanger l'ensemble et faire cuire à découvert les oignons qui devront rester un peu fermes. La sauce doit être assez claire, mais non liquide. Remettre les quartiers de viande dans la cocotte, réchauffer l'ensemble et dresser sur le plat de service, d'abord la viande puis par-dessus les oignons et les amandes. Arrosez le tout avec la sauce très chaude et servir aussitôt.

161 Tajine de viande aux pois chiches et aux oignons

– pour 8 à 10 personnes :

Mêmes ingrédients et même préparation que pour le « Tajine de viande aux amandes et aux oignons » (recette nº 160).

Seul changement : remplacer les amandes par un grand verre à eau de pois chiches que vous aurez fait tremper la veille, et que vous pèlerez au moment de cuisiner.

162 Tajine de viande au riz et aux amandes

– pour 8 à 10 personnes :

Ustensiles :

1 cocotte
1 grande casserole
1 tajine ou
1 plat de service rond et creux

Ingrédients :

2 kg de viande
1 verre à eau de riz glacé
2 cuillerées à café de poivre
1 cuillerée à moka de safran
3 oignons
200 g de beurre
200 g d'amandes
1 poignée de persil haché
1 verre à thé de jus de citron
Sel

Emondez les amandes.

Découpez la viande en morceaux ; les rincer, les égoutter et les déposer dans la cocotte avec sel, poivre, safran, beurre, oignons finement hachés et les amandes émondées.

Couvrir d'eau et porter la cocotte couverte sur feu moyen en remuant de temps en temps la viande et en ajoutant un peu d'eau en cours de cuisson, si nécessaire.

Pendant ce temps, cuire le riz, à part, dans une grande casserole d'eau bouillante légèrement salée. Laissez cuire le riz 20 à 25 minutes, le verser dans une passoire, le rincer et le laisser égoutter.

Lorsque la viande est cuite à point, ajouter le persil haché et le jus de citron. Laisser mijoter à découvert pour que la sauce devienne onctueuse.

Au moment de servir, prélever la moitié de la sauce pour réchauffer rapidement le riz, de manière qu'il ne colle pas. Dressez sur le plat de service tenu au chaud, d'abord la viande, puis le riz et les amandes par dessus et versez tout autour la sauce bien chaude. Servir aussitôt.

163 Tajine de viande (Mqualli)

– pour 8 à 10 personnes :

Ustensiles :

1 cocotte
1 moulin à légumes
1 tajine ou
1 grand plat de service rond et creux

Ingrédients :

2 kg de viande
2 cuillerées à café de gingembre
1 cuillerée à moka de safran
3 oignons
2 gousses d'ail
1 louche d'huile d'arachide
100 g de beurre
20 olives confites
1 citron confit
2 cuillerées à soupe de farine
Sel

Découpez la viande en morceaux ; les rincer, les égoutter et les déposer dans la cocotte avec sel, gingembre, safran, huile, beurre, ail écrasé et les trois oignons entiers. Couvrir d'eau et porter la cocotte couverte sur feu moyen, en remuant de temps en temps la viande et en ajoutant un peu d'eau en cours de cuisson, si nécessaire.

Surveillez la cuisson des oignons et les retirer dès qu'ils sont cuits. Les réserver.

Lorsque la viande est à point, passez les oignons au moulin à légumes, bien mélanger cette purée avec un peu de sauce prélevée dans la cocotte et incorporer alors les deux cuillerées à soupe de farine. Versez cette liaison dans la cocotte, en remuant rapidement. Ajouter l'écorce de citron confit coupée en quartiers, puis les olives. Laissez mijoter doucement pour que la sauce devienne onctueuse et retirez du feu.

Au moment de servir, dressez d'abord la viande dans le plat, garnir avec les olives et les quartiers de citron, et versez ensuite la sauce bien onctueuse sur la viande. Servir aussitôt, très chaud.

164 Tajine de viande M'chermel

– pour 8 à 10 personnes :

Ustensiles :

1 cocotte
1 tajine ou
1 plat de service rond et creux

Ingrédients :

2 kg de viande
2 cuillerées à café de gingembre
1 bonne pincée de safran
6 oignons moyens
1 louche d'huile d'arachide
2 cuillerées à café de piment doux
1 cuillerée à soupe de cumin
1 grosse poignée de persil et de coriandre hachés et mélangés
1 verre à thé de jus de citron
20 olives confites
1 citron confit
Sel

Découpez la viande en morceaux : les rincer, les égoutter, et les déposer dans la cocotte avec sel, gingembre, safran, huile et les oignons finement hachés. Couvrir d'eau et porter la cocotte fermée sur feu moyen en remuant de temps en temps et en ajoutant un peu d'eau en cours de cuisson, si nécessaire. En fin de cuisson, ajouter coriandre et persil hachés, le piment doux et le cumin. Laisser mijoter pour que la sauce réduise et lorsque la viande est complètement cuite ajoutez le jus de citron, l'écorce de citron coupée en quartiers et les olives. Laisser à nouveau faire quelques bouillons, rectifiez l'assaisonnement et retirer du feu.

Dans le plat de service tenu au chaud, déposez les morceaux de viande, décorez avec olives et quartiers de citrons et versez par-dessus la sauce bien onctueuse. Servir aussitôt, bien chaud.

165 Tajine de kabab maghdour

– pour 8 à 10 personnes :

Ustensiles :

1 cocotte
1 tajine slaoui

Ingrédients :

2 kg de viande
200 g de beurre
2 cuillerées à café de piment doux
2 cuillerées à café de cumin
Piment fort
2 cuillerées à café de farine
Sel

Découpez la viande en morceaux ; les rincer, les égoutter et les déposer dans la cocotte avec sel, piment doux, piment fort (selon le goût), cumin et beurre. Couvrir d'eau et porter la cocotte fermée sur feu moyen en remuant de temps en temps la viande. Ajouter un peu d'eau en cours de cuisson, si nécessaire.

Lorsque la viande est cuite à point, faire réduire la sauce pour qu'elle devienne onctueuse. Si nécessaire, la lier avec deux cuillerées à café de farine délayée dans un peu d'eau. Donner un petit bouillon et retirer du feu.

Se sert fumant dans un tajine.

166 Tajine de viande (Tiab l'sane)

– pour 8 à 10 personnes :

Ustensiles :

1 cocotte
1 tajine slaoui

Ingrédients :

2 kg de viande
4 oignons
2 cuillerées à café de piment doux
150 g de beurre

Et pour après cuisson :

1 cuillerée à café de cumin
1 cuillerée à café de graines de coriandre pilées
1/2 verre à thé de vinaigre

Couper les morceaux de viande de la grosseur d'un œuf de poule. Les rincer et les déposer dans la cocotte avec sel, piment doux, beurre et les oignons finement hachés.

Couvrir d'eau et porter la cocotte fermée sur feu moyen. Remuez la viande en cours de cuisson et ajoutez un peu d'eau si nécessaire.

Lorsque la viande est cuite mettez alors le cumin, les graines de coriandre écrasées, puis le vinaigre. Laissez réduire pour que la sauce devienne onctueuse et retirer du feu.

Se sert très chaud dans un tajine.

167 Tajine de viande M'hammer

– pour 8 à 10 personnes :

Ustensiles :

1 cocotte
1 grande poêle
1 plat de service

Ingrédients :

2 kg de viande (carré de cotelettes de mouton)
2 cuillerées à café de piment doux
1 cuillerée à soupe de cumin
2 gousses d'ail
150 g de beurre (pour la cuisson de la viande)
150 g de beurre + 1/2 louche d'huile d'arachide (pour la friture)
2 cuillerées à café de farine
Sel

Découpez la viande en morceaux ; les rincer, les égoutter et les déposer dans la cocotte avec sel, piment doux, cumin, beurre et l'ail écrasé. Couvrir d'eau et porter la cocotte fermée sur feu moyen. Laisser cuire en remuant de temps en temps la viande et en ajoutant un peu d'eau si nécessaire.

Lorsque la viande est presque cuite (encore un peu ferme), liez la sauce avec deux cuillerées à café de farine délayée dans un peu d'eau. Bien mélanger et laisser réduire jusqu'à ce que la sauce devienne onctueuse. Retirer.

Environ vingt minutes avant de servir, enlever les morceaux de viande de la cocotte.

Faire chauffer le beurre et l'huile dans la poêle et faire dorer chaque quartier de viande de tous côtés.

Les dresser sur le plat de service tenu au chaud, versez dans la sauce réchauffée deux cuillerées à soupe du mélange de friture ; bien remuer et arroser la viande de cette sauce onctueuse.

Servir aussitôt.

168 Tajine de kabab maghdour aux œufs

– pour 8 à 10 personnes :

Mêmes ingrédients et même préparation que pour le « Kabab Maghdour » (recette nº 165).

Toutefois, au moment de servir, réchauffer le kabab dans un tajine slaoui, sur feu doux. Casser quelques œufs dans le tajine, les saler légèrement et retirer le tajine du feu dès que les blancs sont cuits.

Servir aussitôt, très chaud.

169 *Tajine de viande aux œufs et aux amandes (Tfaïa)*

– pour 8 à 10 personnes

Ustensiles :

1 cocotte
1 grand plat de service rond

Ingrédients :

2 kg de viande (épaule et carré de côtelettes de mouton ou jarret de veau)
250 g d'amandes émondées
8 œufs durs
2 cuillerées à café de poivre
1 cuillerée à moka de safran
4 oignons
1 bouquet de coriandre
2 cuillerées à café de coriandre hachée
200 g de beurre
Sel

Découpez la viande en morceaux ; les rincer, les égoutter et les déposer dans la cocotte avec sel, poivre, safran, beurre, oignons finement hachés, amandes et un petit bouquet de coriandre (à retirer dès que la viande est cuite). Porter la cocotte couverte sur feu moyen et laisser cuire en remuant de temps en temps la viande et en ajoutant un peu d'eau, si nécessaire, en cours de cuisson.

Lorsque la viande est à point, ajouter la coriandre hachée et laisser réduire pour que la sauce devienne onctueuse.

Au moment de servir, dresser sur le plat de service tenu au chaud, d'abord la viande, garnir avec les amandes et les œufs durs coupés en deux dans le sens de la longueur et verser pardessus la sauce bien chaude.

LES TAJINES SUCREES

170 Tajine de viande aux pruneaux

– pour 8 à 10 personnes

Ingrédients :

2 kg de viande de mouton (échine et épaule)
Mêmes ingrédients que pour le « Poulet aux pruneaux »

Même préparation que dans la recette nº 114

171 Tajine de viande aux dattes

– pour 8 à 10 personnes

Ustensiles :

1 cocotte
1 poêle à friture
1 grand plat de service rond et creux

Ingrédients :

2 kg de viande de mouton
800 g de dattes
1 cuillerée à soupe de sésame grillé
250 g d'amandes émondées
2 cuillerées à café de poivre
1 cuillerée à moka de safran
1 bâton de cannelle
4 oignons moyens
250 g de beurre
1 cuillerée à café pleine de cannelle
4 cuillerées à soupe de miel épais
Sel

Couper la viande en quartiers de 200 g environ ; les rincer, les égoutter et les déposer dans la cocotte avec sel, poivre, safran, beurre, bâton de cannelle et les oignons finement hachés. Couvrir d'eau et porter la cocotte fermée sur feu moyen. Laisser cuire en remuant de temps en temps la viande et en ajoutant un peu d'eau en cours de cuisson, si nécessaire.

Lorsque la viande commence à être tendre ajoutez la cannelle et le miel et laisser réduire, en retournant les morceaux de viande pour qu'ils s'imprègnent bien de la sauce. Retirer la viande et la réserver.

Rincez les dattes et les mettre dans le jus restant dans la cocotte ; laissez mijoter une dizaine de minutes et replacer les morceaux de viande dans la cocotte en prenant soin de ne pas écraser les dattes. La sauce étant bien onctueuse, retirer la cocotte du feu.

Un quart d'heure avant le repas, faire frire, à part, à l'huile bouillante les amandes préalablement émondées.

Réchauffer doucement la viande et les dattes. Sur le plat de service tenu au chaud, placer les quartiers de viande, les recouvrir avec les dattes, parsemez par-dessus les amandes et les grains de sésame grillés et versez la sauce sur le tout. Servir aussitôt.

172 Tajine de mrouzia

– pour 8 à 10 personnes :

Ustensiles :

1 cocotte
1 grand plat de service rond et creux

Ingrédients :

2 kg de viande (selle ou collier de mouton)
400 g de raisins secs (sans pépins)
300 g d'amandes
4 oignons moyens
2 cuillerées à café de poivre
1 cuillerée pleine de gingembre
1 cuillerée à café de safran
2 cuillerées à café de cannelle
250 g de beurre
1 louche et demie de miel

Découpez la viande en morceaux ; les rincer, les égoutter. Mélanger gingembre, safran et poivre avec un peu d'eau. Enduire les morceaux de viande avec la moitié de ce mélange et les déposer au fur et à mesure dans la cocotte. Salez, ajoutez le beurre, les oignons finement hachés et les amandes préalablement émondées. Couvrir d'eau et porter la cocotte fermée sur feu moyen. Faire cuire en remuant de temps en temps la viande et en ajoutant un peu d'eau en cours de cuisson, si nécessaire.

Pendant ce temps, nettoyer et laver les raisins secs, puis les mettre à macérer dans l'autre moitié du mélange d'épices.

Lorsque la viande est presque cuite ajouter le miel, les raisins secs et la cannelle. Dès que la viande est à point et que la sauce est devenue onctueuse, retirez du feu.

Dressez les morceaux de viande sur le plat de service tenu au chaud et disposez les amandes et les raisins secs. Versez dessus et tout autour la sauce mielleuse. Servir aussitôt.

Les Salades

Dans la cuisine marocaine, il y a deux et même trois sortes de salades :

– les salades crues
– les salades cuites
– les purées de légumes, que l'on consomme froides.

Les proportions indiquées pour ces différentes salades correspondent au contenu d'un saladier normal.

LES SALADES CRUES

173 Salade de concombre

Ingrédients :

500 g de concombres
1 dl d'huile d'olive
3 piments en saumure
Quelques olives vertes
Quelques olives noires
1 poignée de feuilles de menthe séchées
2 cuillerées à soupe de vinaigre
Sel

L'espèce la plus courante et la plus appréciée est la variété verte à peau plissée. Choisir les plus jeunes qui sont beaucoup plus tendres. Les peler et les couper en quatre morceaux dans le sens de la longueur. Enlever les graines et les détailler en lamelles dans le sens de la largeur.

Pulvérisez les feuilles de menthe séchées et mélangez-les aux concombres. Saler et décorer avec olives vertes et noires, ainsi qu'avec les piments coupés finement. Arroser d'huile et de vinaigre. Servir.

174 Salade de radis

Ingrédients :

1 botte de radis
1 dl d'huile d'olive
Quelques branches de persil
1 branche de céleri
1 dizaine d'olives vertes
1 citron
Sel

Dans un saladier, mettre quelques pincées de sel fin et le jus du citron.

Laver les radis et les racler un à un au-dessus du saladier

pour y recueillir les petites épluchures. Couper ensuite les radis en quatre tranches dans le sens de la longueur tout en laissant ces dernières maintenues ensemble par la base. Les recouper ensuite en tranches fines dans le sens de la largeur.

Laver le persil et la branche de céleri que vous hacherez finement ensemble.

Mélanger le tout avec les radis, décorer avec les olives et arroser d'huile d'olive. Servir.

175 Salade de carottes râpées

Ingrédients :

500 g de carottes
3 oranges
2 cuillerées à soupe d'eau de fleur d'oranger
2 cuillerées à soupe de sucre en poudre
Le jus d'un citron
Sel

Eplucher, laver et couper les carottes dans le sens de la longueur. En extraire le cœur, et les râper.

Dans le saladier mettre une pincée de sel, l'eau de fleur d'oranger, le sucre et le jus de citron. Bien mélanger et ajouter les carottes, puis les oranges coupées en tranches à vif. Mélanger à nouveau et servir très frais.

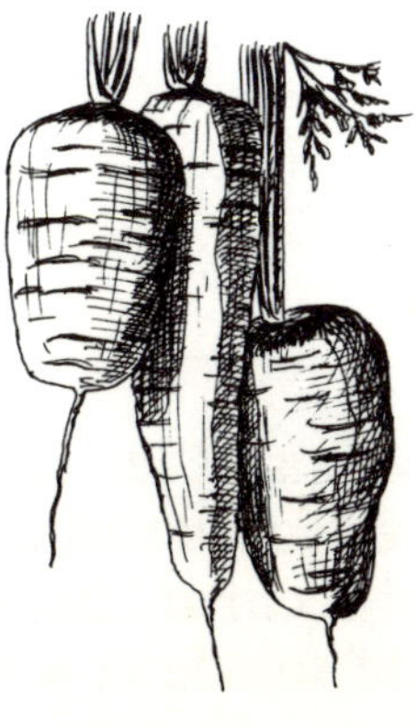

176 Salade de piments frais

Ingrédients :

500 g de piments forts frais
1 douzaine d'olives noires
1 cuillerée à soupe de câpres
1 dl d'huile d'olive
3 gousses d'ail
1/2 cuillerée à café de graines de carvi
Sel

Equeuter les piments, les couper en deux, les épépiner, puis les recouper en morceaux pour mieux les piler. Les égoutter dans une passoire. Peler l'ail, et le piler en même temps que les graines de carvi et une cuillerée de gros sel. Mélanger cet assaisonnement aux piments, ajouter les câpres, décorer avec les olives, arroser d'huile et servir très frais.

177 Salade de poivrons

Ingrédients :

500 g de poivrons
1 cuillerée et demie de cumin
1 pincée de piment fort pilé
5 cuillerées à soupe de jus de citron
4 cuillerées à soupe d'huile d'olive
3 cuillerées à soupe d'huile d'arachide
1 bouquet de persil haché
Sel

Faire griller les poivrons et les débarrasser de leur peau. Enlever les graines et couper la chair en petits dés.

Saler et ajouter cumin, citron, huiles, persil haché et piment fort pilé. Bien mélanger la salade et servir très frais.

178 Salade d'artichauts

Ingrédients :

6 artichauts
2 œufs durs
1 douzaine d'olives noires
1 cuillerée à soupe de câpres
1/2 dl d'huile d'olive
1/2 cuillerée à soupe d'hrisa
Le jus d'un citron
Sel

Effeuiller à cru les artichauts, leur enlever le foin pour ne conserver que les cœurs. Faire tremper ces cœurs dans le jus de citron pour qu'ils ne noircissent pas. Les faire cuire ensuite quelques minutes dans très peu d'eau bouillante. Les égoutter tout en conservant l'eau de cuisson.

Les disposer dans un saladier et les arroser avec l'eau de cuisson dans laquelle on a délayé une demi-cuillerée à soupe d'hrisa. Saler suivant goût, décorer avec olives noires et tranches d'œufs durs, ajouter les câpres, arroser d'huile et servir bien frais.

179 Salade d'olives (Meslalla)

Ingrédients :

1 grand bol d'olives lavées et dénoyautées
5 cuillerées à soupe de jus de citron
1 cuillerée à soupe de piment doux
1 bonne pincée de piment fort pilé
1 cuillerée à café de cumin
1 gousse d'ail écrasée (suivant goût)
4 cuillerées à soupe d'huile d'arachide
1 bouquet de persil finement haché
Sel

Bien presser les olives pour en extraire toute l'eau. Mélanger intimement tous les ingrédients aux olives égouttées et laisser macérer, pendant deux heures au moins, avant de servir.

180 *Salade de citrons*

Ingrédients :

3 citrons bien mûrs
1 petit bouquet de persil finement haché
1 cuillerée et demie de piment doux
1 pincée de piment fort pilé
1/2 cuillerée à café de cumin
10 olives violettes dénoyautées
10 olives noires dénoyautées
4 cuillerées à soupe d'huile d'arachide
Sel

Eplucher finement les citrons et les mettre entiers dans un peu d'eau salée. Réserver.

Préparer l'assaisonnement : persil, piments fort et doux, cumin, huile, olives violettes et noires, un peu de sel.

Prendre alors les citrons et en presser le jus que l'on réserve.

Couper la chair des citrons en petits dés, les mettre dans l'assaisonnement, ajouter la moitié du jus de citron et servir aussitôt.

181 *Salade de fenouils*

Ingrédients :

2 fenouils
Le jus d'un citron
3 cuillerées d'huile d'arachide
1 cuillerée à café de moutarde
Poivre
Sel

Laver, égoutter et couper les cœurs des fenouils en fines rondelles dans le sens de la longueur.

Dans un plat creux disposez les fenouils ainsi préparés.

Faire une bonne vinaigrette avec citron, moutarde, sel, poivre et huile, et en arroser les rondelles de fenouils. Servir.

182 Salade de laitue à l'orange

Ingrédients :

3 laitues (romaine de préférence)
2 oranges
Le jus d'une troisième orange
3 cuillerées à soupe de jus de citron
2 cuillerées à soupe de sucre en poudre
1 cuillerée à soupe d'eau de fleur d'oranger
2 cuillerées à soupe d'huile d'arachide
Sel

Eplucher, nettoyer les salades et ne conserver que les cœurs et les feuilles bien tendres. Les laver à grande eau et bien les égoutter.

Disposer les feuilles les unes sur les autres et les couper en lanières très fines de 2 mm de largeur.

Les mettre dans un saladier et ajouter une pincée de sel, le sucre, l'eau de fleur d'oranger, les jus de citron et d'orange, puis l'huile. Bien mélanger et ajouter les oranges coupées en tranches à vif. Servir très frais.

183 Salade de pourpier

Ingrédients :

2 bottes de pourpier
100 g de fromage blanc (jbin testour)
1 douzaine d'olives noires
1 dl d'huile d'olive
2 cuillerées à soupe de vinaigre (ou le jus d'un citron)
Sel

Trier et bien laver les feuilles de pourpier. Les laisser entières ou les hacher grossièrement. Saler suivant goût et assaisonner avec le vinaigre (ou le jus de citron) et l'huile. Garnir avec le fromage blanc coupé en bâtonnets et les olives.

184 Salade de feggous

Ingrédients :

500 g de feggous
1 cuillerée à café de zaater (sorte de thym)
3 cuillerées à soupe de vinaigre
3 cuillerées à soupe de sucre en poudre
1 pincée de sel.

Les feggous sont des sortes de concombres longs et fins, plus secs que les concombres ordinaires.

Equeuter chaque feggous, bien les laver et jeter ceux qui auraient un goût trop amer. Les râper finement et ajouter sel, zaater pilé, vinaigre, sucre en poudre. Bien mélanger et servir bien frais.

185 Salade de chicorée au thon

Ingrédients :

1 belle chicorée frisée
100 g de thon à l'huile
1/2 dl d'huile d'olive
100 g d'olives vertes dénoyautées
2 cuillerées à soupe de vinaigre
1/2 cuillerée à café de poivre noir moulu
Sel

Choisir une chicorée dont le cœur est bien blanc. Eliminer les feuilles vertes. Bien laver les feuilles dans plusieurs eaux et les couper grossièrement. Bien égoutter.

Dans le saladier, mettre le sel fin (suivant goût) le vinaigre, l'huile et le poivre noir moulu. Bien mélanger la sauce à la fourchette et ajouter la chicorée.

Remuer la salade et garnir avec les morceaux de thon et les olives.

LES SALADES CUITES

186 Salade de tomates et poivrons frits

Ingrédients :

8 tomates
5 poivrons

Pour la sauce :

6 cuillerées à soupe d'huile de friture
4 cuillerées à soupe de jus de citron
1 cuillerée à café de cumin

Laver et essuyer poivrons et tomates.

Dans une poêle faire frire à l'huile bouillante d'abord les poivrons, puis les tomates coupées en deux et épépinées.

Lorsque le tout est cuit, peler délicatement les tomates, couper les poivrons en deux dans le sens de la longueur et disposer sur un plat en intercalant tomates et poivrons.

Préparer la sauce avec huile, jus de citron et cumin, bien mélanger et la verser sur le plat dressé. Saupoudrer d'un peu de persil haché et laisser refroidir.

187 Salade de tomates et poivrons cuits

Ingrédients :

4 kgs de tomates
500 g de poivrons
4 petits poivrons piquants
1 beau bouquet de persil haché
2 cuillerées à soupe de piment doux
2 citrons confits
1 louche d'huile d'arachide
2 gousses d'ail
Sel

– Temps de cuisson : environ deux heures

Laver, éplucher et couper les tomates en morceaux après les avoir épépinées. Les mettre à cuire dans une cocotte avec sel, piment doux, l'ail écrasé, et l'huile (ne pas ajouter d'eau). Donner un premier bouillon et baisser légèrement le feu. Remuer souvent jusqu'à ce que l'eau des tomates soit complètement évaporée. On obtient alors une sorte de confit de tomates, que vous laisserez cuire encore dans son huile, tout en remuant.

Pendant la cuisson des tomates, faire griller les poivrons, les nettoyer de leur peau et les couper en dés.

Couper en quartiers le zeste des citrons confits.

Lorsque l'huile de cuisson des tomates surnage, ajouter les poivrons, les zestes de citrons et le persil haché.

Laisser mijoter un quart d'heure en remuant de temps en temps.

Verser cette salade dans une jatte et laisser refroidir.

– *Cette salade se conserve plusieurs jours au frais.*

188 Salade de patates douces

Ingrédients :

800 g de patates douces
3 oignons hachés
1 bonne pincée de safran
1 cuillerée à café de gingembre
7 cuillerées à soupe d'huile
1 bonne pincée de cumin
1 cuillerée à soupe de coriandre et persil hachés mélangés
2 cuillerées à café de piment doux
6 cuillerées à soupe de jus de citron
1 citron confit
10 olives confites
Sel

Peler, laver et couper en quartiers les patates douces.

Dans une cocotte, faire cuire l'oignon avec l'huile, sel, safran, gingembre ; additionner d'un verre et demi d'eau.

Lorsque les oignons sont cuits, ajouter les patates douces et couvrir d'eau à mi-hauteur. La cuisson étant rapide, bien surveiller pour que les patates ne s'écrasent pas.

Ajouter cumin, piment doux, persil et coriandre hachés, le jus de citron, l'écorce de citron confit coupée en quartiers et les olives.

La sauce doit réduire de moitié et devenir onctueuse.

Retirer alors du feu et laisser refroidir.

189 Salade de courgettes

Ingrédients :

1,500 kg de courgettes
2 cuillerées à café de piment doux
2 gousses d'ail écrasées
6 cuillerées à soupe d'huile d'arachide
3 cuillerées à soupe de jus de citron
1 cuillerée à café de cumin
Sel

Partager les courgettes en quatre dans le sens de la longueur, sans les peler. Nettoyer l'intérieur et les couper en gros carrés. Les laver et les mettre dans une casserole avec sel, ail écrasé, piment doux et huile. Couvrir d'eau et faire cuire.

Lorsque les courgettes sont tendres, ajouter le cumin et le jus de citron. Laisser réduire pour que la sauce devienne liée et retirer du feu.

Servir bien frais.

190 Salade de fèves fraîches

Ingrédients :

2,500 kg de fèves fraîches
3 cuillerées à café de piment doux
2 gousses d'ail écrasées
8 cuillerées à soupe d'huile d'arachide
1 poignée de coriandre hachée
4 cuillerées à soupe de jus de citron
1 citron confit
10 olives confites
Sel

Ecosser et enlever les germes des fèves, sans les peler. Les mettre dans une cocotte avec sel, ail écrasé, piment doux et huile. Couvrir d'eau suffisamment pour que les fèves ne noircissent pas.

Déposer la cocotte couverte sur feu moyen. Lorsque les fèves sont presque cuites, ajouter la coriandre hachée et, après cuisson, le jus de citron, les olives et l'écorce de citron confit coupée en quartiers. Laisser réduire pour que la sauce devienne onctueuse et lier, si besoin, avec deux cuillerées à café de farine délayée dans un peu d'eau.

Laisser mijoter encore quelques minutes, rectifier l'assaisonnement et retirer du feu.

Mettre les fèves dans un plat creux, décorer avec les citrons confits et les olives. Laisser refroidir.

191 Salade de carottes cuites

Ingrédients :

800 g de carottes
2 gousses d'ail entières
1 cuillerée à café de piment doux
1 cuillerée à café rase de cumin
3 cuillerées à soupe de vinaigre
1 poignée de persil haché
2 cuillerées à soupe d'huile d'arachide
Sel

Eplucher les carottes, les couper en rondelles ou dans le sens de la longueur en extrayant le cœur. Les laver et les mettre à cuire dans de l'eau salée avec les deux gousses d'ail.

Lorsqu'elles sont cuites à point, les retirer du feu et les égoutter.

Assaisonner avec les épices, le persil haché et mélanger délicatement pour ne pas briser les carottes.

Servir bien frais.

192 *Salade d'aubergines et thon*

Ingrédients :

2 aubergines moyennes
100 g de thon à l'huile
1 dl d'huile d'olive
1 tête d'ail
1 cuillerée à soupe d'hrisa
2 cuillerées à soupe de vinaigre
1/2 cuillerée à café de graines de coriandre
Sel

Choisir des aubergines de grosseur moyenne.

Pratiquez sur chacune d'elles plusieurs fentes dans le sens de la longueur et introduire dans chacune d'elles une ou deux gousses d'ail préalablement épluchées.

Posez les aubergines sur un grand plat allant au four.

Faire cuire à four moyen jusqu'à ce que les aubergines deviennent mœlleuses. Les retirer du four et les laisser un peu refroidir, pour pouvoir les peler sans vous brûler. Ecrasez la chair en purée bien homogène. Assaisonnez avec l'hrisa délayée dans un peu d'eau et les graines de coriandres moulues.

Salez suivant goût, arrosez d'huile et de vinaigre.

Décorez avec les morceaux de thon.

193 *Salade de zaalouk*

Ingrédients :

4 aubergines
2 ou 3 courgettes moyennes
3 poivrons
5 tomates
2 petits poivrons piquants
1 louche d'huile d'arachide
2 cuillerées à soupe de piment doux
Sel

Couper en petits morceaux les aubergines et les courgettes – sans les éplucher –. Les laver et les mettre à cuire dans une cocotte avec sel, piment doux, ail écrasé et huile. Couvrir d'eau et porter la cocotte couverte sur feu moyen. Pendant ce temps, peler les tomates, les épépiner, les couper en gros morceaux et les verser dans la cocotte. Continuer à faire cuire en remuant de temps en temps.

A part, vous aurez fait griller les poivrons que vous couperez ensuite en dés.

Lorsque le contenu de la cocotte est presque cuit ajouter les poivrons et faire cuire à découvert en remuant constamment jusqu'à évaporation complète de l'eau.

La salade de Zaalouk se mange chaude ou froide (peut se conserver au frais deux à trois jours).

194 Salade avec tranches de pain

Ingrédients :

1 pain de la veille (genre viennois)
100 g de thon à l'huile
2 œufs durs
1 petite tranche de fromage (Hollande)
3 cuillerées à soupe d'huile d'olive
12 olives noires dénoyautées
1 cuillerée à soupe de câpres
1/2 cuillerée à soupe d'hrisa
2 cuillerées à soupe de vinaigre
Sel

Couper le pain en tranches d'un bon centimètre d'épaisseur.

Dans une assiette creuse mélanger l'huile, l'hrisa et le vinaigre, ajouter un peu d'eau et saler suivant goût. Tremper une à une les tranches de pain dans ce mélange et les disposer au fur et à mesure dans un grand plat – ou directement sur les assiettes individuelles.

Ecaler les œufs durs, les couper en tranches. Disposer sur chaque tranche de pain une ou deux rondelles d'œuf, des miettes de thon, quelques morceaux de fromage, des olives et des câpres. Servir.

TAJINE DE VIANDE AUX PRUNEAUX

Un plat très riche, et succulent !
La sauce, à base de miel,
doit être assez consistante.

SALADE DE TOMATES ET POIVRONS CUITS

Cette salade cuite,
que l'on peut servir indifféremment chaude ou froide,
est toujours délicieuse.

195 *Salade de poisson*

Ingrédients :

500 g de poisson
500 g de pommes de terre
1 dl d'huile d'olive
1 bouquet de persil
1 petit oignon
1 cuillerée à soupe de câpres
2 cuillerées à soupe de vinaigre
1/2 cuillerée à café de poivre noir moulu
Sel

Ecailler, étêter, vider et laver une livre de petits poissons (n'importe lesquels). Les faire cuire à l'eau salée. Une fois cuits, éliminer les arêtes et couper la chair en morceaux.

D'autre part, faire cuire les pommes de terre à l'eau. Lorsqu'elles sont à point, les peler et les couper en tranches ou en quartiers.

Dans un saladier mettre les pommes de terre et les morceaux de poisson. Assaisonner avec poivre noir moulu et un peu de sel fin. Saupoudrer de persil et d'oignon finement hachés. Ajouter les câpres, arroser avec vinaigre et huile. Servir.

LES PUREES

196 *Purée de courgettes*

Ingrédients :

500 g de courgettes
100 g de fromage blanc (jbin testour)
2 ou 3 gousses d'ail
Quelques olives noires
Quelques olives vertes
1 dl d'huile d'olive
1 cuillerée à soupe d'hrisa
2 cuillerées à soupe de vinaigre
1/2 cuillerée à café de graines de carvi
Sel

Eplucher les courgettes, les épépiner et les faire cuire à l'eau bouillante. Les écraser en purée.

Assaisonner cette purée avec l'hrisa délayée dans un peu d'eau et l'ail écrasé. Ajouter les graines de carvi et le sel suivant goût. Arroser avec l'huile d'olive et vinaigre. Décorer avec les olives vertes et noires et le fromage blanc coupé en bâtonnets.

197 Purée de carottes

Ingrédients :

500 g de carottes
100 g de fromage blanc
2 ou 3 gousses d'ail
Quelques olives vertes
Quelques olives noires
1 cuillerée à soupe de câpres
1 cuillerée à soupe d'hrisa
1 dl d'huile d'olive
2 cuillerées à soupe de vinaigre
1/2 cuillerée à café de graines de carvi
Sel

Eplucher les carottes, les partager en deux et enlever le cœur. Les faire cuire à l'eau bouillante et lorsqu'elles sont à point, les écraser en purée.

Assaisonner cette purée avec l'hrisa délayée dans un peu d'eau et y incorporer l'ail écrasé. Ajouter les graines de carvi et le sel suivant goût. Arroser avec huile d'olive et vinaigre. Décorer avec les olives vertes et noires, et le fromage blanc coupé en bâtonnets.

198 Purée de pommes de terre aux anchois

Ingrédients :

500 g de pommes de terre
50 g d'anchois au sel
100 g de beurre
1 cuillerée à soupe de câpres
1/2 cuillerée à café de poivre moulu
Sel

Etêter, enlever l'arête et faire dessaler les anchois.

Peler les pommes de terre, les laver, les couper en quatre et les faire cuire à l'eau salée. Une fois bien cuites les écraser au mortier (ou à la moulinette).

Pendant qu'elles sont encore chaudes, incorporer le beurre et travailler énergiquement le mélange avec une cuillère en bois. Saler si nécessaire.

Emietter les filets d'anchois dessalés et les ajouter dans la purée en mélangeant bien ; poivrer et ajouter les câpres lavées et équeutées. Mélanger à nouveau.

Dresser en dôme sur une assiette et servir aussitôt.

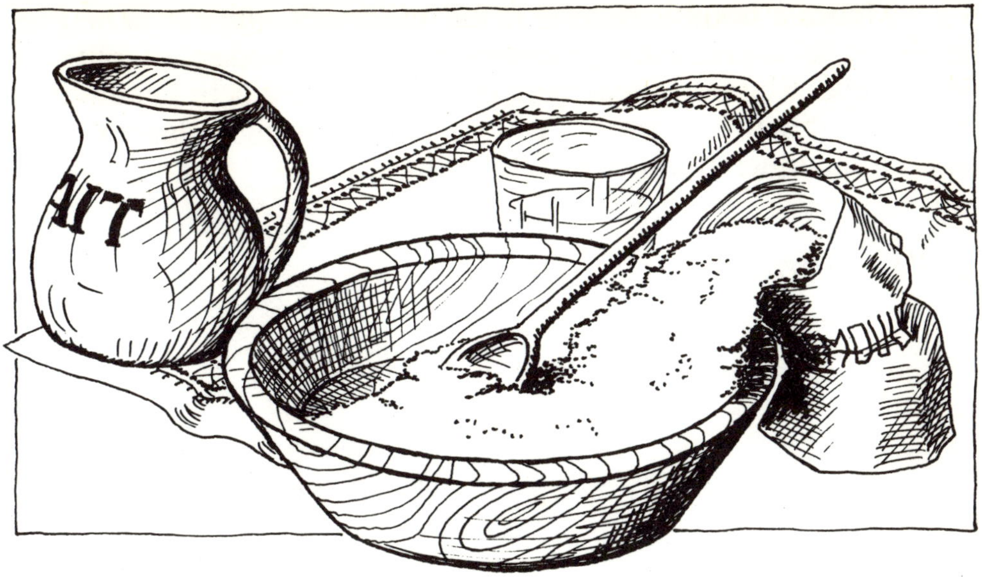

Les Entremets

199 *Vermicelle au lait*

– *pour 10 personnes* – cuisson une demi-heure

Ingrédients :

500 g de vermicelle
1 l. 1/2 d'eau
1 l. 1/2 de lait
1 noix de beurre
1 cuillerée à café de sel
10 cuillerées à soupe de sucre en poudre
4 cuillerées à soupe d'eau de fleur d'oranger

Mettre à bouillir l'eau et le lait mélangés ; ajouter le beurre, le sel et le sucre. Aux premiers bouillons, verser en pluie le vermicelle. Remuer doucement et laisser cuire à petit feu environ un quart d'heure. Ajouter l'eau de fleur d'oranger, laisser cuire encore quelques minutes et retirer du feu.

200 Semoule au lait

– *pour 10 personnes* – cuisson une heure.

Ingrédients :

1 grand bol plein de grosse semoule
2 l 1/2 d'eau
3 l de lait
1 cuillerée à café de sel
1 noix de beurre
10 cuillerées à soupe de sucre en poudre
1/2 verre à thé d'eau de fleur d'oranger

Dans une grande casserole faire chauffer l'eau (non bouillante) et y verser la semoule en pluie. Saler, mélanger et faire cuire à petit feu en remuant souvent, pendant environ une demi-heure. Ajouter alors le lait chauffé, le sucre, le beurre et l'eau de fleur d'oranger. Laisser à nouveau bouillir une vingtaine de minutes et retirer du feu.

201 Semoule cuite à l'eau (Lââsida)

– *pour 10 personnes* – cuisson une demi-heure

Ingrédients :

600 g de grosse semoule
50 g de beurre pour la cuisson de la semoule
150 g de beurre après cuisson
3 l d'eau
Sel
Miel

Dans l'eau chaude (non bouillante), jeter la semoule. Remuer et laisser bouillir à feu moyen, saler et ajouter le beurre. Laisser cuire à petits bouillons tout en remuant, pendant environ une demi-heure.

Lorsqu'elle est cuite, lââsida doit être assez épaisse. La verser encore bouillante dans un plat creux. Eparpiller dessus des petites noix de beurre et quelques cuillerées de miel. Servir aussitôt lââsida bien chaude avec, à part, un pot de miel dont les convives se serviront à volonté.

202 Riz au lait ncn

– *pour 10 personnes* – cuisson une heure

Ingrédients :

600 g de riz
2 l d'eau
4 l de lait
2 cuillerées à café de sel
250 à 350 g de sucre en poudre (suivant goût)
1 noix de beurre
1/2 verre à thé d'eau de fleur d'oranger

Laver le riz dans plusieurs eaux. L'égoutter et le verser dans deux litres d'eau froide. Porter la marmite sur le feu et laisser bouillir en remuant de temps en temps jusqu'à ce que le riz ait absorbé toute l'eau. Ajouter alors le sel, le sucre, le beurre et le lait. Laisser à nouveau bouillir et ajouter alors l'eau de fleur d'oranger, tout en remuant pour que le riz n'attache pas.

Lorsque l'on retire la marmite du feu, le lait doit avoir la consistance d'une crème fraîche, veloutée mais liquide et le riz doit être bien gonflé.

Faire refroidir en remuant de temps à autre pour qu'une croûte ne se forme pas à la surface.

Dans le cas où le riz serait trop épais, y incorporer un peu de lait bouilli et froid.

Prendre soin également que le riz ne se dessèche à la cuisson.

Il vaut mieux le retirer du feu encore assez liquide, afin qu'il reste mœlleux.

203 Couscous ceffa

– pour 10 à 12 personnes

Ustensiles :

1 gsâà
1 couscoussier
1 grand plat creux et rond
1 petit bol par convive

Ingrédients :

1 kg de grosse semoule
200 g de beurre
Sel
Cannelle
Sucre glace
Lait frais

Mettre la semoule dans la « gsaâ », l'enduire de trois cuillerées à soupe d'huile, ajouter une cuillerée à café de sel et arroser petit à petit cette semoule d'un demi-verre à thé d'eau en roulant délicatement avec la paume de la main.

La déposer dans le haut du couscoussier posé sur la marmite à couscous contenant de l'eau en ébullition. Cuire une première fois à la vapeur pendant environ une demi-heure, puis retirer du feu.

Remettre la semoule dans la « gsaâ », y mélanger cent grammes de beurre, laisser refroidir et arroser en aérant de trois verres à thé d'eau froide. Laisser reposer pour que les grains absorbent bien toute l'eau.

Cuire alors une deuxième fois à la vapeur pendant un quart d'heure, retirer du feu et recommencer la même opération que la première fois.

Renouveler la cuisson à la vapeur une troisième fois pendant trente minutes.

Avant de servir et lorsque la vapeur commence à s'échapper, retirer du feu, verser dans la « gsaâ » et enduire à nouveau de 50 g de beurre les grains encore chauds.

Dresser en cône dans un grand plat creux et décorer de cannelle.

Ce couscous se mange avec du sucre glace et du lait frais présentés à part, dans des bols.

Les Crêpes ou Rghaïf

204 Rghaïf mekhtamrine

– pour une trentaine de crêpes

Ustensiles :

1 grand plat creux
1 tamis
1 rouleau à pâtisserie
1 emporte-pièces
1 Poêle en terre (Mekla dial Trab)
1 poêle

Ingrédients :

600 g de farine
30 g de levure
1 cuillerée à café de sel
100 g de beurre
1 verre à thé de miel
4 cuillerées à soupe d'eau de fleur d'oranger.

Tamiser la farine et faire une pâte ayant la consistance d'une pâte à pain. Bien la pétrir et la travailler pendant une vingtaine de minutes. Former une grosse boule.

Etalez un peu de farine sur la table de la cuisine, y déposer la boule de pâte que vous saupoudrerez de farine. L'étaler au rouleau en la retournant plusieur fois, jusqu'à ce qu'elle ait un demi-centimètre d'épaisseur.

A l'aide d'un emporte-pièces rond (un verre à bord fin, tout simplement), découpez la pâte. Etalez chaque rond au rouleau, en les saupoudrant de farine pour qu'ils ne collent pas. Vous obtenez ainsi de petites crêpes fines d'un millimètre d'épaisseur.

Cuisson :

De préférence, sur des braises se consumant (feu assez vif), placez la poêle en terre (Mekla dial Trab). Laissez chauffer. Prendre délicatement une crêpe, en faire tomber la farine et la déposer à plat dans la poêle. La laisser chauffer et la retourner deux fois. Si elle est réussie, elle doit gonfler.- L'ouvrir immédiatement en deux, de manière à obtenir deux cercles rattachés seulement par une lanière de pâte.

Dans le cas où, en cuisant, il se formerait des trous dans la crêpe, celle-ci ne gonflerait pas. Bouchez alors ces trous en appuyant doucement dessus avec une serviette et attendez qu'elle gonfle.

Essuyez la poêle et faire cuire toutes les crêpes de la même manière en commençant par les premières formées et en les empilant, une fois cuites, sur un torchon propre.

Au moment de servir, mettre le beurre dans une poêle, le faire fondre et y mélanger le miel et l'eau de fleur d'oranger.

Laissez chauffer l'ensemble et tremper les crêpes dans ce mélange jusqu'à ce qu'elles en soient bien imprégnées. Laissez chauffer quelques minutes et servir de suite ces rghaïfs.

205 Rghaïf ouadnine el kadi ou « Oreilles du Juge »

– pour une quarantaine de rghaïfs

Ingrédients :

600 g de farine
150 g de beurre
Cannelle
Sucre en poudre ou miel

Préparation de la pâte (voir recette n° 39)

Former environ quarante boules de la grosseur d'un abricot et les déposer sur une table légèrement huilée.

Prendre la première boule formée et, sur le coin de la table huilée, l'étendre en l'étirant et en l'aplatissant avec le bout des doigts préalablement huilés. Etaler en longueur et en largeur pour obtenir un feuilletage carré de l'épaisseur d'une feuille de papier. Pliez cette feuille en trois, en rabattant un côté sur l'autre et repliez le rectangle ainsi obtenu en trois, de façon à former un carré d'environ dix centimètres.

Répéter l'opération pour les autres boules.

Cuisson :

Sur feu moyen, placez la poêle. Prendre le premier carré confectionné et l'étaler en l'étirant du bout des doigts jusqu'à ce qu'il double de surface ; le déposer bien à plat dans la poêle légèrement huilée.

Cuire des deux côtés et recommencer jusqu'à épuisement des petits carrés de feuilletage.

Au moment de servir, mettre 150 g de beurre dans une poêle ; le laisser fondre. Prévoir un grand plat à portée de la main. Tremper rapidement la première crêpe dans le beurre, la placer sur le plat et poser sur celle-ci une autre crêpe non enduite de beurre.

Continuer ainsi en posant les crêpes les unes sur les autres (une sèche, une enduite).

Dans la poêle ne contenant plus de beurre, déposer cette pile de crêpes et les réchauffer rapidement en les retournant.

Sur le plat de service, étalez les crêpes, saupoudrez de sucre en poudre et de cannelle.

On peut aussi servir ces crêpes nature, accompagnées seulement de sucre en poudre et de miel chaud, à part.

206 Rghaïfs frites à l'huile

– *pour une quarantaine de rghaïfs*

Ingrédients :

600 g de farine
Sucre en poudre
Miel chaud

Préparez la pâte à Rghaïf (recette nº 39).

Formez les petits carrés de feuilletage comme dans la recette « Ouadnine el Kadi » (nº 205), les aplatir légèrement et les tremper, trois ou quatre à la fois dans l'huile bouillante. Bien les frire de chaque côté ; lorsqu'elles sont dorées retirez les rghaïfs et les laisser égoutter.

Se servent accompagnées de sucre en poudre ou de miel chaud.

207 Rghaïfs farcies à la pâte d'amandes

– *pour une quarantaine de rghaïfs*

Ingrédients :

600 g de farine
300 g d'amandes
200 g de sucre en poudre
1 blanc d'œuf
1 cuillerée de cannelle bien pleine
Sucre en poudre ou miel

Préparation de la pâte à Rghaïf (recette n° 39).

Former une quarantaine de boules pour obtenir des carrés de feuilletage, comme expliqué dans la recette n° 40.

Farce de pâte d'amandes :

Emondez les amandes, les hacher très finement (au moins trois fois de suite) dans le hachoir électrique. Y mélanger le sucre en poudre, le blanc d'œuf et la cannelle. Bien pétrir pour obtenir une pâte homogène.

Prendre un carré de feuilletage, étaler au centre une noix de pâte d'amandes et pliez ce carré en trois, en rabattant un côté l'un sur l'autre. Replier le rectangle ainsi obtenu à nouveau en trois, de manière à former un carré d'environ quinze centimètres de côté.

Lorsque tous les carrés sont farcis, les aplatir légèrement du bout des doigts et les faire frire par trois ou quatre dans l'huile bouillante. Les retirer une fois bien dorés de chaque côté. Les égoutter quelques minutes et les servir accompagnés de sucre en poudre ou de miel.

– On peut également avant de les servir, tremper ces rghaïfs dans du miel chaud.

208 Mlaoui

– pour une vingtaine de Mlaoui

Ingrédients :

600 g de farine
150 g de beurre
Sucre en poudre
Miel

Préparez la pâte à Rghaïf (voir recette n° 39).

Mouler une vingtaine de boules de la grosseur d'une mandarine. Huiler le coin de la table, prendre la première boule formée et du bout des doigts également huilés, l'étaler en l'étirant et en l'aplatissant pour obtenir un carré de feuilletage épais comme une feuille de papier. Rabattre un côté sur l'autre de manière à obtenir un rectangle d'environ 45 cm de long. Etirer ce ruban en longueur et le rouler sur lui-même (comme un tapis) en continuant doucement à l'étirer tout en le roulant. Poser ce cylindre debout sur la table et l'aplatir légèrement.

Opérer de la même façon pour les autres boules.

Cuisson :

Faire chauffer une poêle sur feu moyen.

Aplatir le premier cylindre formé pour lui donner l'aspect d'un cercle épais de 5 mm, et le déposer à plat dans la poêle légèrement huilée.

Cuire les deux côtés, retirer la crêpe et à l'aide d'un couteau la fendre en épaisseur de manière à obtenir deux cercles, reliés seulement par une lanière de pâte.

Faire cuire les autres crêpes de la même façon.

Au moment de servir, faire fondre doucement dans la poêle 150 g de beurre. Tremper vivement un seul côté de chaque crêpe dans le beurre fondu et les déposer les unes sur les autres en pile sur un plat.

Lorsqu'il n'y a plus de pâte et que la pile est complète, la déposer dans la poêle ne contenant plus de beurre et la réchauffer vivement en la retournant.

Servir bien chaud, accompagné de sucre en poudre ou de miel.

209 Sfenj

– pour quinze à vingt beignets

Ingrédients :

600 g de farine tamisée
20 g de levure de bière
2 verres à eau d'eau tiède
1 cuillerée à café de sel
Huile pour friture
Miel (suivant goût)

Former un puits avec la farine, ajouter la levure diluée dans un peu d'eau, le sel et incorporer petit à petit la farine et l'eau jusqu'à ce que l'on obtienne une pâte consistante. Bien la pétrir pendant un bon quart d'heure et ajouter petit à petit l'eau non encore utilisée, en soulevant la pâte et en la battant des deux mains contre la table.

La pâte devient alors molle et élastique. La déposer dans un grand saladier, recouvrir celui-ci d'une serviette et laisser lever la pâte pendant environ trois heures, dans un endroit chaud de préférence.

Au bout de ce temps, mélanger à nouveau la pâte.

Mettre à chauffer la friture.

Prélever la valeur d'un œuf de poule de pâte et après s'être huilé les doigts, trouer cette boule en son milieu. La plonger dans l'huile bouillante en maintenant le trou formé à l'aide d'une brochette.

Procéder de la même manière jusqu'à épuisement de la pâte. Retourner rapidement les beignets dans la friture pour qu'ils gonflent et dorent bien de tous côtés.

Les retirer à l'aide d'un crochet (ou simplement d'une écumoire à friture) et les laisser égoutter.

Ces beignets se servent accompagnés ou non de miel et sont délicieux à savourer avec un thé à la menthe.

Les Desserts

210 *Bastela au lait « Kefta »*

Cette bastela peut se préparer de deux façons :

1° – *Préparation classique, au lait*

Ingrédients :

1 l 1/2 de lait
4 cuillerées à soupe de poudre de riz
1 verre à thé d'eau de fleur d'oranger
100 g de beurre
300 g d'amandes émondées
12 morceaux de sucre
28 feuilles de ouarka de bastela
Huile pour friture

Dans une grande casserole faire bouillir le lait avec le sucre, puis y mélanger doucement la poudre de riz, l'eau de fleur d'oranger, le beurre et laisser épaissir légèrement avant de retirer du feu. Faire refroidir.

A part, à l'aide d'un moulin à légumes (gros trous) broyer les amandes émondées et y mélanger un demi-verre à thé de sucre en poudre. Mettre en attente.

Les feuilles de ouarka étant empilées, découper soigneusement le bord pour former un cercle régulier. Décoller les feuilles deux par deux et les faire dorer rapidement dans l'huile bouillante. Les égoutter et les déposer dans un plat.

Une demi-heure avant de servir, passer les feuilles de bastela à four doux pendant quinze minutes, puis les retirer.

Dans le plat de service, déposer trois feuilles, saupoudrez-les d'amandes pilées, recouvrir d'une ou deux feuilles, verser pardessus un peu de lait refroidi et procéder ainsi jusqu'à épuisement des feuilles de bastela.

Verser une dernière couche de lait bien lié sur la surface. Servir aussitôt.

2° – *Préparation à la crème patissière*

Ingrédients :

28 feuilles de ouarka
300 g d'amandes émondées
1 verre à thé de sucre en poudre
Huile pour friture

Crème patissière :

4 jaunes d'œufs
2 cuillerées à café de farine
7 cuillerées à soupe de sucre
1 l 1/2 de lait
1 sachet de sucre vanillé

Séparer les jaunes d'œufs des blancs et battre ces derniers en neige très ferme.

Faire bouillir le lait, le parfumer avec la vanille et jeter dans celui-ci, par cuillerées à soupe, le blanc d'œuf en neige. Dès que les blancs sont cuits, les retirer, les égoutter et les réserver.

D'autre part, battre les jaunes avec le sucre en poudre jusqu'à ce que cet appareil blanchisse, y mélanger la farine et verser ce mélange dans le lait bouillant en remuant doucement. Reposer la casserole sur feu très doux et, sans cesser de remuer, faire cuire la crème pendant quelques minutes car elle doit rester très légère (donc presque liquide).

La laisser refroidir.

Une demi-heure avant de servir, passer un quart d'heure à four doux les feuilles de ouarka déjà frites.

A part, faire frire les amandes émondées dans de l'huile bouillante, les écraser grossièrement et y mélanger un verre à thé de sucre en poudre.

Dans le plat de service déposer trois feuilles, saupoudrez-les d'amandes pilées, recouvrir d'une ou deux feuilles, verser par-dessus la crème patissière et procéder ainsi jusqu'à utilisation de toutes les feuilles. Disposez sur la surface les blancs d'œufs cuits et coulez par-dessus un léger caramel.

Servir aussitôt.

211 Sellou

Ingrédients :

1 kg de fleur de farine
600 g de graines de sésame grillées
1 cuillerée à soupe rase d'anis pilé
2 cuillerées à soupe de cannelle en poudre
400 g de sucre en poudre
400 g d'amandes émondées et frites dans
1/2 l d'huile d'arachide bouillante
150 g de beurre
400 g de miel
4 à 5 grains de gomme arabique pilés avec
un morceaux de sucre

Dans une grande poêle, faire griller la farine en remuant sans arrêt jusqu'à ce qu'elle devienne bien dorée. La tamiser.

Laver les grains de sésame et les griller de la même façon que la farine.

Faire frire les amandes émondées dans 1/4 d'huile bouillante, (la conserver). Mélanger intimement sésame, amandes et sucre en poudre et passer l'ensemble au hachoir électrique. Incorporer ce hachis dans la farine grillée, ajouter cannelle, anis et gomme arabique. Placer cet appareil dans la gsaâ ou un grand plat creux. Former un puits au centre.

Faire fondre miel et beurre mélangés dans une casserole et lorsque le mélange est bien chaud, mais non bouillant, y ajouter l'huile de friture des amandes.

Verser petit à petit ce mélange encore chaud dans le puits formé, tout en remuant pour que la farine s'imprègne du liquide.

Lorsque le mélange est homogène, dresser en cône sur le plat de service. Bien tasser et saupoudrer de sucre glace. Décorer de quelques amandes émondées frites dans l'huile.

212 Tkaout

Ingrédients :

1 kg de graines de sésame grillées
400 g d'amandes émondées
3 cuillerées à soupe de cannelle
4 ou 5 grains de gomme arabique pilés avec deux morceaux de sucre
1 cuillerée à soupe rase d'anis pilé
800 g de sucre en poudre

Laver, égoutter et griller les grains de sésame dans une poêle.

Faire frire les amandes dans l'huile bouillante.

Passer au hachoir électrique, ensemble, les amandes, les graines de sésame et le sucre en poudre. Mélanger à l'appareil ainsi obtenu la gomme arabique, la cannelle et l'anis pilé.

Dresser en cône sur le plat de service, bien tasser et saupoudrer largement de sucre glace.

213 Aloua dial jeljlane (Grains de sésame au miel)

Ingrédients :

1 kg de grains de sésame grillés
1 cuillerée à café rase de gomme arabique pilée
2 kg de miel
600 g d'amandes

Lavez, égouttez et grillez dans une poêle les grains de sésame. Lavez, égouttez et grillez de la même manière les amandes. Placez ces amandes dans un « tebcq » et les frotter vigoureusement avec la paume de la main pour en faire tomber les peaux. Une fois pelées, pilez ces amandes dans un mortier.

Dans une casserole mettre le miel à bouillir et le laisser sur le feu jusqu'à ce qu'il forme un filet lorsqu'on le fait couler à l'aide d'une cuillère. Y mélanger alors la gomme arabique, les amandes et les grains de sésame. Laisser encore quatre à cinq minutes sur le feu.

Pendant ce temps, huilez une plaque ou un marbre et y verser le mélange brûlant. Laissez refroidir et durcir et découpez ensuite au couteau, en petits carrés.

214 Jabane

Ingrédients :

250 g d'amandes émondées et grillées au four
4 blancs d'œufs
1 kg de sucre en morceaux
4 grains de gomme arabique pilés
La valeur d'un pois chiche d'alun (chebba)
1 cuillerée à soupe de jus de citron

Dans une cocotte, mettre le sucre et le couvrir d'un demi-litre d'eau. Portez à ébullition et laissez cuire jusqu'à ce que le mélange devienne sirupeux. Le retirer avant qu'il se colore. Ajoutez la gomme arabique, le jus de citron et le petit morceau d'alun pilé.

Battre les blancs en neige très ferme et verser petit à petit sur ces blancs d'œufs le sucre tiédi, tout en continuant à battre. Remettre sur feu très doux pendant quelques minutes et ajoutez les amandes pilées.

Dans un plat de service creux, versez ce joli mélange bien blanc et laissez refroidir complètement avant de servir.

215 Dattes fourrées

Ingrédients :

600 g de belles dattes pas trop mûres
600 g d'amandes
300 g de sucre en poudre
4 cuillerées à soupe d'eau de fleur d'oranger
Colorant : rouge ou vert

Emonder les amandes, bien les essuyer avec un linge, les dorer au four et y mélanger le sucre en poudre et l'eau de fleur d'oranger. Passer deux fois de suite l'ensemble au hachoir électrique et mêler à ce hachis une goutte de colorant, soit vert soit rouge, pour que la pâte d'amandes prenne une belle couleur pastel.

Bien essuyer les dattes, les inciser sur un côté pour en extraire le noyau et les fourrer d'une petite noix de pâte d'amandes bien roulée et bien lisse.

Rouler les dattes ainsi fourrées dans du sucre en poudre ; les disposer dans une assiette.

Les Pâtisseries

216 *Briouats au miel et aux amandes*

– pour une centaine de Briouats

Ingrédients :

600 g d'amandes
400 g de sucre en poudre
6 œufs entiers
3/4 de litre d'huile (pour frire les amandes)
1/2 verre à thé d'eau de fleur d'oranger
1,500 kg de miel
Huile pour friture
2 feuilles de Ouarka de bastela de 15 cm sur 10 cm par enveloppe

Emonder les amandes. Mettre l'huile à bouillir. Essuyer les amandes et les jeter dans cette friture. Les laisser se colorer légèrement et les égoutter. Réserver l'huile de friture. Passer les amandes au hachoir électrique (une fois), et les mélanger au sucre en poudre et à la cannelle.

Prélever la moitié de l'huile dans laquelle les amandes ont frit et la porter à ébullition. Baisser le feu et jeter dans cette huile les amandes sucrées. Battre les œufs entiers et les verser petit à petit dans l'huile tout en remuant. Ajouter l'eau de fleur d'oranger et retirer du feu. Une fois la pâte d'amandes refroidie, plier les briouats soit en rectangles soit en triangles. Les faire frire à l'huile bouillante des deux côtés pour qu'elles soient bien dorées et les tremper encore brûlantes dans le miel porté à ébullition. Laisser les briouats s'imprégner de miel, les retirer et les égoutter. Maintenir le miel au chaud pendant la durée de la friture des briouats.

Faire bien refroidir les briouats et les conserver dans une boîte en fer bien fermée.

217 Bechkito

Ingrédients :

4 œufs entiers
500 g de farine fine
4 cuillerées à soupe de Maïzena
200 g de sucre glace
1 zeste de citron
2 sachets de levure pâtissière
1 verre à thé d'huile d'arachide

Battre ensemble les œufs entiers et le sucre glace jusqu'à ce que l'appareil devienne bien blanc. Ajouter l'huile et battre à nouveau pendant quelques minutes. Ajouter la levure, la Maïzena et le zeste de citron râpé. Après avoir bien mélangé l'ensemble, incorporez alors la farine jusqu'à ce que vous obteniez une pâte malléable.

Huiler la table, prélever un morceau de pâte et l'étendre au rouleau sur une épaisseur de 4 mm environ. Découper ensuite cette feuille de pâte en formant des ronds avec un emporte-pièce ou tout simplement avec un verre à bord fin. Huiler légèrement la plaque allant au four et y déposer au fur et à mesure ces cercles de pâte. Enduire le dessus avec un pinceau trempé dans un jaune d'œuf et cuire, à four modéré, environ une vingtaine de minutes.

218 Bejmat

Ingrédients :

Les mêmes que pour les Krachel (recette n° 224).

Ce sont des sortes de Feqquas, plus épais et plus grands.

Préparation de la pâte : procéder de la même manière que pour les Krachel.

Lorsque les petits pains sont levés, les enfourner pour une demi-cuisson. Les retirer à peine cuits, avant que la croûte dore.

Laissez-les refroidir et reposer quelques heures, puis coupez chaque petit pain en deux, et chacune des moitiés ainsi obtenues en tranches épaisses d'un demi-centimètre.

Remettre ces tranches sur la plaque à four et les faire cuire jusqu'à ce qu'elles soient bien dorées.

Les retirer et les laisser refroidir avant de les ranger dans une boîte en fer. Ces gâteaux se conserveront ainsi, bien croquants.

219 Feqquas

Ingrédients :

Les mêmes que pour les Krachel (recette n° 224).

Préparation de la pâte : procéder de la même manière que pour les Krachel.

Lorsque la pâte est à point, former rapidement des bâtonnets d'environ 25 cm de long et de l'épaisseur d'un doigt.

Les déposer sur une serviette épaisse et recouvrir le tout avec un linge blanc. Laisser poser environ trois heures.

Lorsque la pâte est levée, piqueter à la fourchette ces bâtonnets et les déposer un à un sur la plaque à four.

Cuisson : une demi-heure à feu modéré.

Surveillez la cuisson et retirez les gâteaux du four avant qu'ils ne dorent.

Les laisser refroidir quelques heures, puis découper ces bâtonnets en rondelles d'un demi-centimètres d'épaisseur.

Les déposer à nouveau sur la plaque à four non beurrée, en les disposant bien à plat. Remettre ces petits gâteaux au four quelques minutes pour les faire dorer.

Les laisser refroidir et les ranger dans une boîte en fer : ils se conserveront ainsi bien croquants.

220 Feqquas aux amandes

Ingrédients :

– *Pour la pâte :*

Même préparation que pour la pâte à « Bechkito » (recette n° 217)

– *Pour la pâte d'amandes :*

400 g d'amandes
200 g de sucre en poudre
2 jaunes d'œufs
2 cuillerées à café d'eau de fleur d'oranger
3 cuillerées à café de beurre fondu
1 cuillerée à café de cannelle

Emondez les amandes après les avoir trempées dans l'eau bouillante. Les essuyer avec un linge, les mélanger au sucre en poudre et à l'eau de fleur d'oranger, puis les passer au hachoir électrique trois fois de suite. Dans ce hachis, ajoutez le jaune d'œuf, le beurre fondu et la cannelle. Bien mélanger.

Formez alors des bâtonnets d'une vingtaine de centimètres de long et gros comme une cigarette.

Préparez la pâte à « Bechkito », mais en réduisant la levure de moitié. Lorsqu'elle est prête, prélevez un morceau de pâte, l'étendre au rouleau (sur la table légèrement huilée) pour qu'elle s'abaisse à trois ou quatre millimètres d'épaisseur. Posez un bâtonnet de pâte d'amandes dessus, dans le sens de la longueur, à un centimètre du bord et l'enrouler dans la pâte à Bechkito. Egaliser avec soin les extrémités et recommencer l'opération jusqu'à épuisement de la pâte d'amandes.

Vous obtenez alors des bâtonnets fourrés de pâte d'amandes de l'épaisseur d'un doigt. Les amincir en les roulant sur eux-mêmes et les découper aux ciseaux en petites rondelles.

Les disposer sur une plaque huilée et les faire cuire à four modéré pendant quinze à vingt minutes. Les retirer lorsqu'ils sont bien dorés.

Laissez refroidir et rangez ces feqquas dans des boîtes en fer blanc. Ils se conserveront bien croquants.

221 Feqquas aux raisins secs et amandes

Ingrédients :

800 g de farine fine
300 g de sucre glace
5 œufs entiers
1/2 verre à thé de beurre fondu
1/2 verre à thé d'huile d'arachide
300 g d'amandes
400 g de raisins secs sans pépins
2 sachets de levure pâtissière
2 sachets de vanille

Battre les œufs entiers avec le sucre glace jusqu'à ce que l'appareil blanchisse. Ajouter le beurre fondu, puis l'huile, et continuer à battre.

Emonder les amandes après les avoir trempées dans l'eau bouillante. Les essuyer et les passer deux fois de suite dans le hachoir électrique. Mélanger ce hachis aux œufs battus, ajouter la vanille, la levure et les raisins secs lavés et bien essuyés. Incorporer petit à petit à ce mélange la farine bien tamisée jusqu'à l'obtention d'une pâte malléable, à peine moins consistante que la pâte à pain.

Prélever de la pâte et former de gros bâtonnets de l'épaisseur d'une banane.

Les disposer au fur et à mesure sur une tôle huilée et les faire cuire à moitié, à four assez chaud. Retirer du four avant que la croûte dore.

Laisser reposer ces bâtonnets jusqu'au lendemain et les découper en rondelles d'un demi-centimètre d'épaisseur, en faisant attention de ne pas les briser.

Les replacer à nouveau sur la plaque – non beurrée – et faire dorer au four une dizaine de minutes.

Laisser refroidir complètement et ranger les feqquas dans une boîte en fer, pour qu'ils se conservent bien croustillants.

222 Fakia del moulouk

– pour une centaine de pièces environ

Ingrédients :

– Pour la pâte d'amandes :

600 g d'amandes
250 g de sucre en poudre
1 cuillerée à café de cannelle
4 cuillerées à soupe d'eau de fleur d'oranger
1 cuillerée à soupe de beurre fondu
Colorants : rouge, vert et jaune
Clous de girofle ou tranches d'amandes effilées.

– Pour le feuilletage :

150 g de farine
4 cuillerées à soupe d'eau de fleur d'oranger
2 cuillerées à soupe de beurre fondu

Emondez les amandes en les trempant dans de l'eau bouillante. Les essuyer et les mélanger avec le sucre en poudre et l'eau de fleur d'oranger. Les passer trois fois de suite au hachoir électrique, puis leur ajouter le beurre fondu et la cannelle. Bien pétrir la pâte ainsi obtenue.

La partager en trois et colorer légèrement chaque part, en rouge, en vert et en jaune. Puis former des boules de la valeur d'une noix. Mettre en attente.

Le feuilletage :

Mélanger la farine à l'eau de fleur d'oranger et au beurre fondu. Pétrir énergiquement et étendre la pâte au rouleau en la retournant plusieurs fois. L'enrouler alors autour du rouleau en l'étirant doucement pour ne pas briser son élasticité et continuer en la déroulant sur la table, de manière à obtenir une longue bande d'un millimètre d'épaisseur. Dans cette bande, découper à la roue dentelée de longs rubans de quatre millimètres de large.

Prendre une boule de pâte d'amandes ; entourer autour d'elle un ruban de pâte. Piquer – suivant goût – un morceau d'amande effilé ou un clou de girofle au sommet de chaque boule et la ranger debout sur la plaque à four légèrement huilée. Recommencer l'opération jusqu'à épuisement de la pâte d'amandes.

Mettre à four moyen 15 à 20 minutes.

Laisser refroidir.

223 *Griouch*

Ingrédients :

750 g de farine pétrie avec une boule de levure de boulanger de la grosseur d'une belle tomate
1 kg de farine fine
2 œufs entiers
1 jaune d'œuf
250 g de graines de sésame grillées et hachées finement
1/2 verre à thé de vinaigre
1/2 verre à thé d'eau de fleur d'oranger
1/2 verre à thé de beurre fondu
1 verre à thé d'huile d'arachide
1 bonne pincée de fleur de safran pilée
5 litres de miel
3 l 1/2 d'huile pour la friture

La veille :

Tamiser 600 g de farine, former un puits, saler, délayer la boule de levure dans un peu d'eau et mélanger le tout pour obtenir une pâte ayant la consistance d'une pâte à pain. Pétrir énergiquement pendant une demi-heure, former une boule et placer celle-ci dans un grand saladier. Couvrir avec un linge et laisser lever la pâte jusqu'au lendemain, dans un endroit assez chaud de préférence.

Le lendemain :

Très important : la pièce où vous devez effectuer votre préparation doit être chauffée.

Lavez, égouttez et grillez les graines de sésame ; en passer 250 g au hachoir électrique, trois fois de suite.

Tamisez la farine et la mélanger à ce hachis, ainsi que le beurre fondu et l'huile.

Chauffez le vinaigre et l'eau de fleur d'oranger, y dissoudre le safran et incorporez ce mélange dans la pâte qui a levé, ajouter l'œuf entier et le jaune d'œuf, mélangez la pâte levée avec l'autre pâte. Pétrir énergiquement cet appareil pendant toute la durée de la préparation des griouch. Pour cela, il est préférable d'être deux, l'un pétrissant, et l'autre formant les gâteaux.

Prendre une boule de pâte et l'étendre en longueur au rouleau sur 2 mm d'épaisseur, en la retournant souvent.

Découper à la roulette des carrés de 12 cm de côté.

Tailler, dans chaque carré, cinq lanières de 2 cm de large. Passer l'index de la main gauche dans les lanières impaires, saisir de l'autre main les deux coins droits du gâteau et les presser pour les coller. Puis poser délicatement le gâteau formé en enchevêtrant les lanières sans les casser, couvrir.

Lorsque tous les gâteaux sont formés, laissez lever pendant une demi-heure.

Mettre l'huile à chauffer. Dès qu'elle est bouillante, faire dorer les griouch de tous côtés.

Dans une casserole à part, faire chauffer le miel jusqu'à ébullition et faire tremper quelques minutes les gâteaux dans ce miel, le temps de remettre à frire de nouveaux griouch. Retirer au fur et à mesure les gâteaux du miel à l'aide d'une écumoire, les égoutter et les saupoudrer d'un côté de graines de sésame grillées pendant qu'ils sont encore chauds.

Laisser le miel à la même température *pendant toute la durée de l'opération.* Si les griouch sont parfaitement réussis, ils auront absorbé au moins la moitié du miel utilisé. Laisser refroidir les griouch et les ranger dans une boîte en fer.

– *Le miel restant servira pour la préparation de* « briouats au miel et aux amandes » *ou pour la* « haloua dial jeljlene » *(graines de sésame au miel).*

224 Krachel (Petits pains sucrés)

Ingrédients :

2 kg de farine fine
700 g de sucre en morceaux pilés finement au mortier
80 g de levure de bière
4 cuillerées à soupe de graines de sésame grillées et d'anis mélangés
6 grains de gomme arabique écrasés avec une demi-cuillerée à café de sel
1 verre à thé de beurre fondu
1 verre à thé d'eau de fleur d'oranger

Prélever la moitié de la farine, saler légèrement, ajouter 60 g de levure diluée dans un peu d'eau et pétrir en ajoutant de temps en temps un peu d'eau, jusqu'à ce que la pâte devienne un peu moins consistante que de la pâte à pain.

Continuer à pétrir énergiquement, puis la placer dans un grand saladier. Le couvrir d'un linge et mettre à lever dans un endroit chaud pendant trois heures environ.

Lorsque la pâte est levée, la remettre sur la table et y incorporer le restant de farine, le sucre pilé et les vingt autres grammes de levure, puis le beurre fondu, l'eau de fleur d'oranger tiédie, les graines de sésame et d'anis mélangés et la gomme arabique. Bien fouler et pétrir ce mélange.

Former alors, rapidement, des boules de la grosseur d'une orange et les aplatir en les faisant passer d'une paume de la main dans l'autre, pour obtenir des petits pains ronds d'un centimètre d'épaisseur.

Les aligner au fur et à mesure sur une couverture où vous aurez posé une serviette blanche. Recouvrir et laisser reposer deux à trois heures.

Lorsque la pâte est à point (si l'on enfonce un doigt dans la pâte, celle-ci reprend sa forme), enduire chaque petit pain avec un pinceau trempé dans le jaune d'œuf et piqueter le dessus avec une fourchette.

Mettre à four chaud.

225 M'hencha

Ingrédients :

30 feuilles de Ouarka de bastela rectangulaires de 30 cm sur 20
1,500 kg d'amandes
4 cuillerées à soupe d'eau de fleur d'oranger
800 g de sucre en poudre
4 jaunes d'œufs
2 cuillerées à café rases de cannelle
150 g de beurre

La pâte d'amandes :

Emonder les amandes, après les avoir fait tremper quelques minutes dans l'eau bouillante. Bien les essuyer avec un linge et y mélanger le sucre en poudre. Arroser le tout d'eau de fleur d'oranger et passer au hachoir électrique trois fois de suite.

Faire fondre le beurre dans une cocotte, y mettre la pâte d'amandes et mélanger doucement à la spatule jusqu'à ce que le sucre s'amolisse et colle à la pâte. Durée de cuisson : environ vingt minutes.

Retirer du feu, laisser refroidir et mélanger soigneusement les quatre jaunes d'œufs et la cannelle.

La M'hencha :

La pâte d'amandes étant froide, former des bâtons ayant l'épaisseur d'un gros pouce.

Coller en longueur deux feuilles de Ouarka, bord à bord, avec du jaune d'œuf, le côté brillant de la feuille à l'extérieur. Disposer un bâton de pâte d'amandes à trois ou quatre centimètres du bord de ces feuilles, dans le sens de la longueur, et l'enrouler tout autour. Coller l'extrémité des feuilles avec du

Le somptueux éventail des desserts marocains :
délicieux gâteaux aux amandes et au miel
et les célèbres " cornes de gazelle ".

Le M'hencha, parfumé à la fleur d'oranger et à la cannelle, est d'une particulière finesse.

L'orange du Maroc est d'une saveur incomparable.
Rien n'empêche de servir avec une garniture d'ananas.
Figues sèches, dattes et amandes
sont des fruits "toutes saisons".

LE THÉ A LA MENTHE

Tout repas marocain digne de ce nom devrait se terminer par le thé à la menthe. Attention : utilisez de la menthe fraîche, et si vous pouvez vous procurer des feuilles récoltées à Tiznit, vous aurez le meilleur thé du monde...

jaune d'œuf. Envelopper ainsi tout l'appareil de pâte d'amandes. Prendre alors un bâton enveloppé, l'enrouler sur lui-même et le poser à plat au milieu d'une tôle huilée. A l'aide de jaune d'œuf, coller un autre bâton de pâte d'amandes au premier en emboîtant l'extrémité de leur enveloppe. Enrouler comme un serpent autour du premier bâton et continuer de même jusqu'à épuisement de la pâte. Enduire toute la surface du gâteau de jaune d'œuf et le mettre à four chaud pendant quarante minutes.

Lorsqu'il est bien doré, le déposer sur un plat de service rond et le saupoudrer de sucre glace et d'un soupçon de cannelle.

226 *Kaab el Ghzal* (Cornes de gazelle)

– Pour 60 à 70 gâteaux

Ingrédients :

1 kg de pâte d'amandes
1 kg d'amandes
800 g de sucre en poudre
1 verre à eau d'eau de fleur d'oranger
2 cuillerées à soupe de beurre fondu
1 cuillerée à café de cannelle

Feuilletage :

600 g de farine
3 cuillerées à soupe d'eau de fleur d'oranger
2 œufs

La pâte d'amandes :

Emondez les amandes, les rincer et les essuyer avec un linge. Les mélanger avec le sucre en poudre et l'eau de fleur d'oranger. Les passer une première fois au hachoir élecrique : mélanger à ce hachis la cannelle et un œuf entier. Bien malaxer l'ensemble et passer une deuxième fois au hachoir. Repétrir la pâte ainsi obtenue. Prélever la valeur d'un bel abricot de cette pâte et former des sortes de petites saucisses effilées aux deux extrémités. Mettre en attente.

Le feuilletage :

Tamisez la farine. Formez un puits, y verser le beurre et petit à petit l'eau de fleur d'oranger, tout en mélangeant pour obtenir une pâte de la consistance de la pâte à pain.

Pétrir vigoureusement cette pâte pendant environ une demi-heure, en prenant soin de ne pas briser son élasticité.

Pour que ces gâteaux soient parfaitement réussis, il est nécessaire qu'une autre personne vous aide à pétrir cette pâte sans arrêt pendant que vous en prélèverez pour continuer la préparation de ces cornes de gazelle.

Prendre un morceau de pâte, former une boule de la grosseur d'une orange, l'étaler au rouleau en la retournant plusieurs fois. Enrouler cette pâte autour du rouleau, tout en l'étirant doucement pour ne pas la briser.

Continuez à l'étirer en la déroulant sur la table de manière à obtenir un long ruban assez large et épais d'un millimètre. Tout le long de ce ruban, et au milieu, disposez les saucisses de pâte d'amandes en laissant entre elles un écart de trois à quatre centimètres.

Etirez la pâte en largeur, le plus finement possible, et la plier dans le sens de la largeur pour recouvrir entièrement les petites saucisses de pâte d'amandes.

Découpez à la roue dentée à deux ou trois millimètres de la corne et pincez en hauteur pour lui donner la forme d'un croissant.

Piquez chacune d'elles à l'aide d'une fourchette et les disposer sur une tôle beurrée. Cuire à four modéré environ vingt à vingt-cinq minutes.

227 Kaab el ghzal M'fenned

Mêmes ingrédients et même préparation que pour la recette nº 226 (Cornes de gazelle)

Les enrober dans un feuilletage un peu plus épais et leur conserver leur forme de petites saucisses.

Après cuisson les tremper, encore chaudes, dans de l'eau de fleur d'oranger également chaude, puis les rouler dans le sucre glace.

228 Ghoriba aux amandes

– pour 70 à 90 gâteaux

Ingrédients :

1,500 kg d'amandes
750 g de sucre glace
5 œufs entiers
1 zeste de citron
1 sachet 1/2 de vanille
1 sachet de levure patissière

Emondez les amandes et les hacher deux fois de suite dans le hachoir électrique.

D'autre part, battre les œufs avec le sucre glace jusqu'à ce que l'appareil devienne bien blanc. Ajoutez le zeste de citron râpé finement et la vanille. Bien mélanger le tout à la pâte d'amandes et ajoutez la levure. Vous devez avoir une pâte à peine malléable.

S'enduire légèrement les mains avec du beurre et former des boules un peu plus grosses qu'une noix. Aplatir la boule et la déposer sur cette base dans le sucre glace.

Les disposer une à une, assez écartées les unes des autres, sur une plaque légèrement beurrée, le côté sucré vers le haut. Mettre quinze à vingt minutes à four modéré.

229 Ghoriba sablée au beurre

– pour 70 à 80 gâteaux

Ingrédients :

600 g de farine fine
300 g de farine de blé dur passée au tamis de soie
400 g de sucre glace
500 g de beurre (ramolli)

Mélangez intimement, le beurre ramolli, le sucre glace et la farine tamisée. Formez une grosse boule et laissez reposer cette pâte pendant quelques heures.

Au bout de ce temps, passez ce mélange au hachoir électrique, puis pétrir à nouveau quelques minutes.

Prélevez la valeur d'une noix de pâte, formez une petite boule, l'aplatir légèrement en la faisant passer d'une paume dans l'autre. Vous obtenez une sorte de palet.

Procédez de la même façon jusqu'à épuisement de la pâte.

Disposez les gâteaux sur une plaque non beurrée et enfournez – feu modéré – pendant quinze à vingt minutes.

230 Ghoriba à la semoule

– pour 50 gâteaux

Ingrédients :

1 kg de semoule fine
600 g de sucre en poudre
6 œufs
1 verre à thé d'huile d'arachide
1/2 verre à thé de beurre fondu
1 sachet de levure patissière
1 sachet de vanille

Travaillez les œufs avec le sucre en poudre jusqu'à ce que l'appareil blanchisse. Y mélanger l'huile, le beurre fondu, la levure et la vanille. Incorporez ce mélange à la semoule. En se mouillant de temps en temps les mains avec de l'eau de fleur d'oranger, formez des boules de la grosseur d'une belle noix. Aplatir légèrement celles-ci en les appuyant dans le sucre glace, de manière à obtenir un gâteau de la forme d'un macaron. Procédez de la même façon jusqu'à épuisement de la pâte.

Disposez ces sortes de macarons sur une tôle beurrée, en les écartant les uns des autres, côté sucré vers le haut.

Faire cuire à four modéré pendant vingt à vingt-cinq minutes.

231 Ghoriba dial jeljlane (Graines de sésame)

– pour 40 gâteaux

Ingrédients :

300 g de graines de sésame grillées
200 g de farine fine grillée
300 g de sucre en poudre
5 œufs entiers
1 sachet de levure pâtissière
Le zeste d'un citron râpé.

Lavez, bien égoutter et faites griller sur le haut du fourneau les graines de sésame, en les remuant souvent pour qu'elles dorent de tous côtés.

Passez la farine au tamis de soie et la faire griller de la même manière.

Hachez finement les graines de sésame et y mélanger le sucre en poudre, la levure et le zeste de citron râpé. Sur un coin de la table, formez un puits avec ce mélange, y casser les œufs. Bien incorporer et pétrir énergiquement. Vous devez obtenir une pâte assez molle, à peine malléable.

Enduisez vos mains d'huile, prélevez une boule de pâte de la grosseur d'une noix, l'aplatir d'un côté en la plaquant sur le sucre glace. Continuez ainsi jusqu'à épuisement de la pâte. Disposez ces sortes de palets sur une tôle légèrement huilée, côté sucré sur le dessus.

Faire cuire à four modéré pendant une vingtaine de minutes.

Les Fruits

Le climat exceptionnel du Maroc provoque une abondance et une qualité de fruits sans pareille.

On y trouve en particulier :

- les oranges (différentes variétés dont la production s'étale sur toute l'année)
- les citrons
- les pamplemousses

puis

- les dattes
- les pastèques et les melons
- les amandes

et

- les pêches
- les raisins
- les abricots

gorgés de soleil et mûrs à point que l'on savoure avec délice à toute heure de la journée ou qui permettent de merveilleuses salades de fruits.

Les Boissons fraîches

232 Le jus d'oranges

Presser des oranges bien mûres pour en recueillir tout le jus. Le sucrer suivant goût et le parfumer à l'eau de fleur d'oranger.

233 La citronnade

Presser des citrons bien mûrs pour en recueillir tout le jus. Ajouter de l'eau fraîche et sucrer suivant goût. Parfumer à l'eau de fleur d'oranger.

234 Le jus de raisin

Presser et écraser de belles grappes de raisins bien mûrs. Les passer à la passoire fine, ajouter un peu de jus de citron et parfumer à l'eau de fleur d'oranger et à la cannelle. Le raisin étant déjà doux, sucrer très peu.

235 Le jus de grenade

Laver et écraser à la moulinette de beaux grains de grenades bien rouges. Ajouter le jus d'un citron, sucrer suivant goût et parfumer à l'eau de fleur d'oranger.

236 L'eau parfumée

Dans un brasero, sur des braises se consumant, jeter quelques grains de gomme arabique.

Lorsque la fumée commence à se dégager, placer une jarre en terre, renversée, au-dessus du brasero. Laisser la jarre s'imprégner du parfum de la gomme arabique, puis y verser de l'eau légèrement parfumée à l'eau de fleur d'oranger. Couvrir la jarre et boire bien frais.

237 Le lait d'amandes

Ingrédients :

300 g d'amandes
400 g de sucre en poudre
1 l d'eau
3 l 1/2 de lait
1/2 verre à thé d'eau de fleur d'oranger

Emonder les amandes, les mélanger à la moitié du sucre en poudre puis les passer quatre fois de suite au hachoir électrique.

Petit à petit, piler cette pâte d'amandes dans un mortier, le plus finement possible. La mettre à macérer dans un litre d'eau. Mélanger le restant du sucre en poudre au lait parfumé à l'eau de fleur d'oranger.

Passer la pâte d'amandes au chinois et la mélanger au lait sucré et parfumé.

Servir très frais.

238 L'eau de fleur d'oranger

C'est avec les fleurs du bigaradier distillées que l'on obtient l'eau de fleur d'oranger. Sert à parfumer de nombreux plats et pâtisseries, mais constitue aussi, étendue d'eau fraîche, une délicieuse boisson.

(Se trouve dans le commerce)

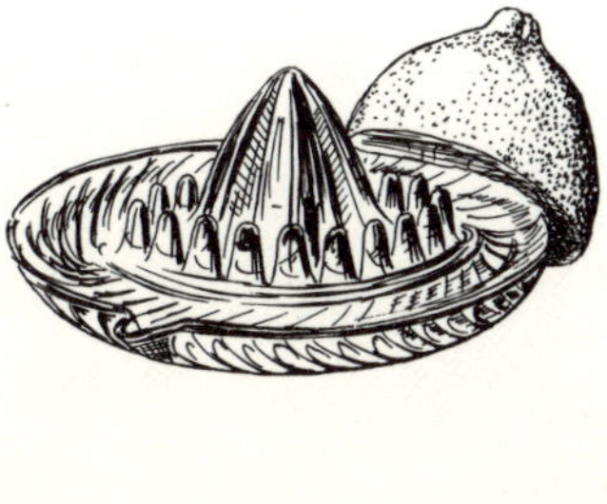

Les Boissons chaudes

239 *Le thé*

Au Maroc on ne consomme que du thé vert qui, d'excellente qualité, est souvent infusé tel, sans menthe.

La menthe

La menthe est différente de goût comme d'aspect suivant les régions où elle pousse. Celle qui est le plus appréciée vient de Tiznit : ses tiges fermes, ses feuilles d'un beau vert foncé sont très parfumées.

La menthe doit toujours être consommée très fraîche.

Les plantes aromatiques

Lorsque la menthe est rare, on peut parfumer le thé vert avec différentes plantes aromatiques : absinthe, marjolaine, verveine, basilic ou fleur d'oranger.

Préparation du thé

Sur un grand plateau à pieds ronds, en cuivre ou en métal finement ciselé (toujours préparé d'avance dans chaque maison marocaine) sont disposés les verres et les théières.

A côté, sur un plus petit plateau, les boîtes en métal contenant le thé vert, la menthe et les plantes aromatiques, ainsi que le sucre en morceaux.

Près des plateaux, le « samovar » fumant.

Rincez les théières à l'eau bouillante. Jetez l'eau et mettez dans chacune d'elles trois à quatre cuillerées à café de thé vert. Ajoutez le sucre en morceaux (suivant goût) et remplissez les théières d'eau bouillante.

Laissez infuser quelques minutes, puis remuez avec une cuillère avant de servir le thé dans les verres.

Au Maroc, le rite veut que le premier thé soit bu sans menthe.

Le second se prépare avec la menthe :

Dans les théières où le thé vert a déja infusé, on enfonce une poigné de menthe fraîche qu'on aura préalablement froissée délicatement dans la main (pour en développer le parfum). On ajoute alors une nouvelle cuillerée à café de thé vert ainsi que le sucre. On remplit d'eau bouillante et on laisse infuser.

Avant de servir, remuer la menthe dans la théière en l'écrasant légèrement avec une cuillère.

Servir brûlant dans les verres.

L'hiver, pour rendre le thé plus corsé, on remplace la menthe par des feuilles d'absinthe ou de marjolaine.

240 Le café

Se prépare à la Turque.

Moudre le café extrêmement fin.

Dans une sorte de cassolette à long manche, en cuivre ou en métal argenté, ayant la contenance d'une tasse, on dépose dans le fond une petite cuillère de café moulu ainsi qu'un morceau de sucre.

Versez l'eau bouillante par-dessus, posez quelques instants la cassolette sur le feu pour que le marc remonte à la surface. Retirez aussitôt la cassolette du feu, remuez le café avec une petite cuillère et attendez, avant de servir, que le marc se redépose au fond.

Ce café très fort est parfumé, par certains amateurs, avec de la cannelle ou de l'eau de fleur d'oranger.

Quelques adresses
de
MAISONS SPECIALISEES
où vous trouverez tous les produits
et condiments employés dans mon livre

Château ABDLLAAZE, 10, route de Chartres, 75018 Paris.
Tél. 606.07.54.

Société AIT LAASRI, 23, rue Rennequin, 75017 Paris.
Tél. 924.67.51.

Table des Matières

page

Avant-propos 5
Les ustensiles de cuisine 7
Les épices. Les plantes aromatiques. Les parfums 9
Les sauces 11

	recette n°	page
LES CONSERVES		13
Poivrons confits	1	
Citrons confits	2	
Le khlii	3	
Les olives (vertes – violettes – noires)	4	
LA BASTELA		21
Préparation	5	
LE COUSCOUS		27
Préparation	6	
Couscous K'dra aux raisins secs	7	
Couscous K'dra aux courgettes, fèves, navets	8	
Couscous K'dra aux courgettes, arrosé de lait	9	
Couscous Bidaoui aux sept légumes	10	
Couscous pour farce	11	
LA CUISINE FAMILIALE		35
Bessara (purée de fèves séchées)	12	
Serrouda (purée de pois chiches)	13	
Mezgueldi (oignons au khlii)	14	
Tomates au khlii	15	
Tomates au khlii avec coings	16	
Khlii au citron	17	
Khlii aux œufs	18	
Haricots blancs en sauce	19	
Kabab mefdi au beurre en sauce	20	
Kabab mefdi avec œufs	21	
Boulettes de kefta aux œufs	22	
Boulettes de kefta au riz	23	
Boulettes de kefta aux tomates	24	
Boulettes de kefta M'chermla	25	
Boulettes aux pommes de terre	26	
Boulettes à la viande	27	

	recette nº	page
LES SOUPES ET LES POTAGES		47
La Harira aux lentilles	28	
La Harira aux pois chiches	29	
La soupe aux fèves	30	
Bouillon à la viande séchée et aux œufs	31	
Soupe de pied de veau	32	
Soupe de pied de mouton	33	
Soupe de tête de mouton	34	
Soupe de poulet	35	
Potage aux nouilles	36	
Potage aux poissons	37	
LES PATES		57
Pâte à Ouarka	38	
Pâte à Rghaïf	39	
LES ENTREES		61
Les Briouats	40	
Farce à briouats à la kefta	41	
Briouats aux saucisses rouges	42	
Briouats au riz	43	
Trid	44	
Rghaïf del Ferran	45	
Bricks et beignets salés :		67
La malsouqua	46	
Brick à l'œuf	47	
Brick à la pomme de terre	48	
Brick au poulet	49	
Brick à la viande	50	
Brick à la cervelle	51	
Brick au thon à l'huile	52	
Brick aux anchois	53	

recette n° page

Beignets au poisson 54
Beignets à la cervelle 55
Beignets au poulet 56
Beignets aux légumes 57

Chakchoukas et tbikkas : 75
Chakchouka aux tomates et piments 58
Chakchouka de Nabeul 59
Chakchouka aux oignons 60
Chakchouka aux aubergines 61
Chakchouka au pourpier 62
Chakchouka aux pommes de terre 63
Chakchouka aux artichauts 64
Chakchouka aux petits pois 65
Chakchouka aux fèves et petits pois 66
Chakchouka à la courge 67
Chakchouka aux carottes 68
Chakchouka aux choux-fleurs 69
Tbikka à la courge rouge 70
Tbikka aux légumes verts 71

Aïjja : 84
Aïjja au hareng fumé 72
Aïjja à la viande séchée et merguez 73
Aïjja aux boulettes de viande 74
Aïjja aux saucisses fraîches de mouton 75
Aïjja aux pommes de terre 76
Aïjja à la cervelle de mouton 77
Aïjja aux abattis de poulet 78
Aïjja aux graines de cumin 79

LES ESCARGOTS 89

Préparation 80

	recette n°	page
LES POISSONS		91
La chermoula (marinade)	81	
Poissons grillés – Poissons frits :		92
Maquereaux grillés	82	
Merlans grillés	83	
Rougets de roche grillés	84	
Rougets frits	85	
Alose frite	86	
Soles frites	87	
Les poissons sautés :		96
Anguilles sautées	88	
Daurade commune sautée	89	
Mulet sauté	90	
Ragoût de poissons	91	
Poissons à la tomate	92	
Seiches aux navets	93	
Poissons au four	94	
Poisson en tajine « mqualli »	95	
Poisson farci au riz	96	
Poissons frits en beignets à la chermoula	97	
LES VOLAILLES		105
Poulet mqualli aux citrons confits	98	
Poulet m'chermel k'dra	99	
Poulet m'chermel tajine	100	
Poulet m'hammer choua kder	101	
Poulet m'hammer frit au persil	102	
Poulet mechoui	103	
Poulet farci au persil et cuit à la vapeur	104	
Poulet farci au riz et cuit à la vapeur	105	
Poulet m'chermel frit aux œufs	106	

recette nº page

Poulet k'dra aux pois chiches et oignons 107
Poulet k'dra aux amandes et oignons 108
Poulet aux aubergines frites 109
Poulet m'kaddem ou souiri (aux œufs) 110
Poulet aux carottes 111
Poulet au meslalla (olives cassées) 112
Poulet maâmer farci au couscous 113
Poulet aux pruneaux et au miel 114
Poulet aux tomates et au miel 115
Dinde m'hammer 116
Dinde farcie au couscous 117
Pigeonneaux grillés au feu de bois 118
Pigeonneaux k'dra aux amandes 119
Pigeonneaux farcis au couscous 120
Lièvre à la mrouzia 121
Lièvre m'hammer 122

LES VIANDES 131

Les brochettes : 132

Kefta (brochettes de viande hachée) 123
Boulfaf (brochettes de foie) 124
Brochettes de cœur de veau 125
Kabab 126

Les abats : 135

Foie m'chermel frit 127
Foie m'chermel en sauce 128
Cervelle en sauce 129
Langue de veau en sauce 130
Rognons blancs en sauce 131

LE MECHOUI 139

Quartier de mouton méchoui 132
Quartier de mouton rôti 133
Quartier de mouton m'hammer chouakder 134
Chaoua 135
Quartier de mouton farci au couscous 136

	recette nº	page
LES TAJINES		145
Tajine de viande aux coings et au miel	137	
Tajine de viande aux aubergines frites	138	
Tajine de viande aux courgettes et gombos	139	
Tajine de viande aux cardons	140	
Tajine de viande aux courgettes	141	
Tajine de viande à la tomate et gombos	142	
Tajine de viande aux haricots verts et tomates	143	
Tajine de viande aux haricots verts Mqualli	144	
Tajine de viande aux choux-fleurs	145	
Tajine de viande aux choux	146	
Tajine de viande aux fèves Mqualli	147	
Tajine de viande aux artichauts et fèves Mqualli	148	
Tajine de viande aux artichauts et petits pois	149	
Tajine de viande aux petits pois	150	
Tajine de viande aux topinambours K'dra	151	
Tajine de viande aux topinambours Mqualli	152	
Tajine de viande aux carottes	153	
Tajine de viande aux fenouils Mqualli	154	
Tajine de viande au potiron Mqualli	155	
Tajine de viande aux pommes de terre K'dra	156	
Tajine de viande aux pommes de terre Mqualli	157	
Tajine de viande aux pommes de terre M'chermel	158	
Tajine de viande aux navets	159	
Tajine de viande aux amandes et aux oignons K'dra	160	
Tajine de viande aux pois chiches et aux oignons	161	
Tajine de viande au riz et aux amandes	162	
Tajine de viande Mqualli	163	
Tajine de viande M'chermel	164	
Tajine de viande de kabab maghdour	165	
Tajine de viande Tiab l'sane	166	
Tajine de viande M'hammer	167	
Tajine de kabab maghdour aux œufs	168	
Tajine de viande aux œufs et aux amandes « Tfaïa »	169	
Les Tajines sucrées :		175
Tajine de viande aux pruneaux	170	
Tajine de viande aux dattes	171	
Tajine de Mrouzia	172	

recette n° page

LES SALADES 179

Les salades crues : 180

Salade de concombre 173
Salade de radis 174
Salade de carottes râpées 175
Salade de piments frais 176
Salade de poivrons 177
Salade d'artichauts 178
Salade d'olives (Meslalla) 179
Salade de citrons 180
Salade de fenouils 181
Salade de laitue à l'orange 182
Salade de pourpier 183
Salade de feggous 184
Salade de chicorée au thon 185

Les salades cuites : 187

Salade de tomates et poivrons frits 186
Salade de tomates et poivrons cuits 187
Sae de patates douces 188
Salade de courgettes 189
Salade de fèves fraîches 190
Salade de carottes cuites 191
Salade d'aubergines et thon 192
Salade de zaalouk 193
Salade de tranches de pain 194
Salade de poisson 195

Les purées : 193

Purée de courgettes 196
Purée de carottes 197
Purée de pommes de terre aux anchois 198

LES ENTREMETS 197

Vermicelle au lait 199
Semoule au lait 200
Semoule cuite à l'eau « Lââsida » 201
Riz au lait 202
Couscous Ceffa 203

recette n° page

LES CREPES OU RGHAIF 201

Rghaïf Mekhtamrine 204
Rghaïf Ouadnine el Kadi 205
Rghaïf frites à l'huile 206
Rghaïf farcies à la pâte d'amande 207
Mlaoui 208
Sfenj 209

LES DESSERTS 209

Bastela au lait (Kefta) 210
Sellou 211
Tkaout 212
Aloua dial Jeljlane (graines de sésame au miel) 213
Jabane 214
Dattes fourrées 215

LES PATISSERIES 215

Briouats au miel et aux amandes 216
Bechkito 217
Bejmat 218
Feqquas 219
Feqquas aux amandes 220
Feqquas aux raisins secs et aux amandes 221
Fakia del Moulouk 222
Griouch 223
Krachel 224
M'hencha 225
Kaab el Ghzal (cornes de gazelle) 226
Kaab el Ghzal M'Fenned 227
Ghoriba aux amandes 228
Ghoriba sablée au beurre 229
Ghoriba à la semoule 230
Ghoriba dial Jeljlane (graines de sésame) 231

recette nº page

LES FRUITS 231

LES BOISSONS FRAICHES 233

Le jus d'orange 232
La citronnade 233
Le jus de raisin 234
Le jus de grenade 235
L'eau parfumée 236
Le lait d'amandes 237
L'eau de fleur d'oranger 238

LES BOISSONS CHAUDES 237

Le thé à la menthe 239
Le café à la Turque 240

ACHEVÉ D'IMPRIMER LE 3 DÉCEMBRE 1982
SUR LES PRESSES DE LA SOCIÉTÉ NOUVELLE
DES IMPRIMERIES DELMAS,
A ARTIGUES-PRÈS-BORDEAUX.

Dépôt légal : décembre 1982.